ど素人が始める

iDeCo《イデコ》の本

個人型確定拠出年金

株式会社アセット・
アドバンテージ代表取締役
山中伸枝

SE
SHOEISHA

巻頭付録 i《イ》De《デ》Co《コ》で老後破産を防ごう!

ムリムリ
ムリムリ
ムリムリ
ムリムリ～
キャハハ～
やめなさい
だけど、実際
あれこれ考えると
どうしたらいいのか
ほんとわかんない…
じゃあ、
ファイナンシャル
プランナーに
相談してみるか！
ファイナンシャルプランナーオフィス
後日
なるほど、お話は
わかりました
iDeCo（個人型確定
拠出年金）って聞いた
ことありますか？
え！と…
あるような
ないような
…
実は!!
2017年1月から
会社員だけでなく、
主婦も加入できるように
なります
ずいっ
そ、
そうなん
ですか
色々な税制優遇も
ありますから、
「じぶん年金」を
つくるのに
ピッタリなんです！
ご主人の年金の底上げは
もちろん！
ハッ
ビシッ
奥様も新たに
加入できるんです！
ビシ
主婦でも…
具体的な
メリットに
ついてご説明
しますね！
iDeCoの仕組みは
次ページから説明

巻頭特集①

これだけスゴい3大メリット

「老後が不安、でも老後資金を貯めるために何をしたら良いか分からない」そんな人におススメなのが、個人型確定拠出年金（ｉ《イ》Ｄｅ《デ》Ｃｏ《コ》）です。確定拠出年金とは節税しながら自分年金が作れるお得な制度です。確定拠出年金が「やるだけで」お得な理由は税金の優遇です。銀行で月２万円の積立をするＡさんと確定拠出年金で月２万円の積立をするＢさんの30年後の老後資金を比べてみましょう（負担する所得税10％、住民税10％で計算）。

１、積み立てたお金が全額所得控除になる

銀行でお金を積み立てても税金は戻りませんが、確定拠出年金は税金が戻ります。Ｂさんが受ける年間の税制優遇は４万８０００円（24万円×税金20％）、30年間であれば１４４万円もの税金がお得になります。

２、運用益に税金がかからない

低金利時代ではありますが、30年間の平均利回りが１％と仮定しましょう。Ａさんの預金は利息に20％の税金がかかりますが、Ｂさんにはまったく課税されません。30年後のＡさんの資産残高は８１５万４８２０円、Ｂさんは８３９万３５２５円です。

３、退職金扱いなので税金が優遇

Ａさんは単なる貯蓄ですから、60歳時点での残高をそのまま引き出します。Ｂさんの確定拠出年金は

| 巻頭特集-01 | かなりお得な3つの節税効果

❶ 税金が戻る！

年末調整の還付金と住民税の減額！

❷ 運用益が非課税

儲かった分が丸々残る！

❸ 退職時にも優遇

税金がかからない退職金！

退職金扱いなので30年間の積立については1500万円まで非課税で受け取りができます。つまり、30年間でBさんはAさんより1678705円も得をするのです。どうですか？　確定拠出年金をやらない理由はありませんね。

巻頭特集②

ほぼすべての人が加入できるようになる

拡大する加入枠

２０１７年1月より確定拠出年金は「だれでも」加入できるようになります。だれでも、とは本当にだれでもで、日本に住む20歳～59歳までのすべての人が対象です。

日本に住むすべての人ですから、外国人であっても、会社員であっても、公務員や専業主婦であっても国籍、職業を問わずすべての人が加入できます。お仕事が変わっても、お仕事を辞めても継続できます。ただし、確定拠出年金は公的年金の上乗せ制度になるため、国民年金を未納してる人、免除を受けている人だけは加入できません。

無理に運用する必要はない

確定拠出年金は加入者自らが金融商品を選んで運用する仕組みですが、運用の知識経験を問わず「だれでも」加入ができます。元本が割れる可能性が少しでもあるのはイヤという人は、定期預金や保険など元本確保型商品を選べば良いですし、積極的に運用をしたいという人にとっては、確定拠出年金の投資信託は販売手数料無料、信託報酬割安といったメリットも享受できます。

確定拠出年金は月５０００円の積立からできるので、お金に余裕がある人、ない人「だれでも」加入ができます。月５０００円の積立は1日あたり１６６円ですし、年に1回は積立額の変更も可能なのでだれでも無理なく継続が可能です。

巻頭特集-02｜2017年1月から加入者枠が拡大

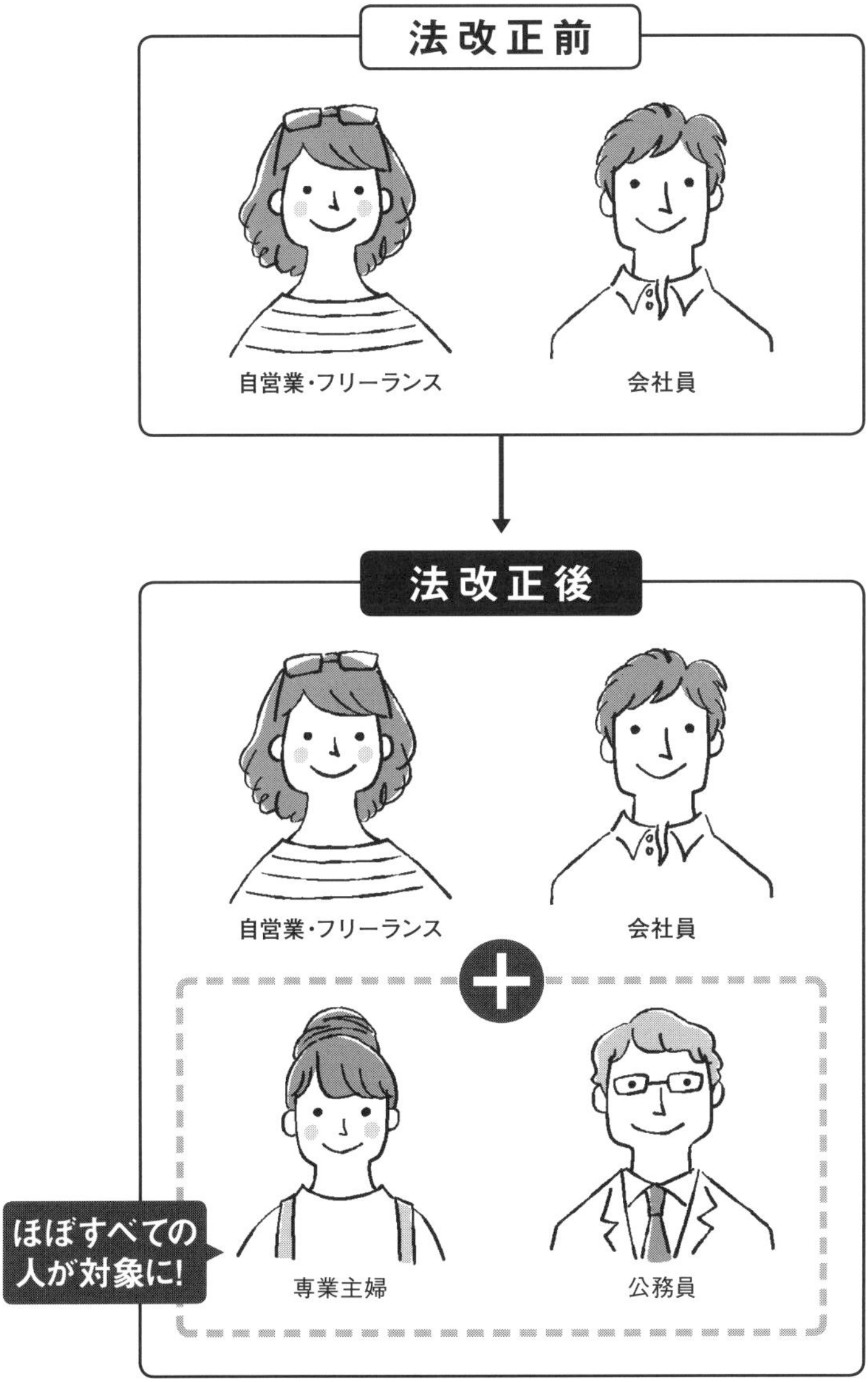

確定拠出年金はだれでも加入ができますが、途中で辞めることができないので、老後の資産形成にしっかりと取り組みたいという人に特に向いています。

巻頭特集③

ここまで普及が進む理由とは?

制度変更に翻弄される老後

確定拠出年金がここまで加入資格者を拡大し、全国民に「節税できる自分年金作り」を推奨する理由は、ひとえに公的年金だけでは国民の老後が支えきれないからです。

2013年4月1日に60歳の誕生日を迎えた会社員は、60歳から老齢厚生年金を受給しました。国の平均値では老齢厚生年金は月10万円、年間120万円となっています。

しかし同じ2013年の4月2日に60歳の誕生日を迎えた会社員は、60歳から年金はもらえず61歳までお預けです。仮に寿命が同じであれば、4月2日生まれの人はたった1日誕生日が違うだけで120万円国からもらえる年金が少ないというわけです。

これが年金受給開始年齢の引き上げです。その後も徐々に年齢が引き上げられ、男性であれば昭和36年4月2日以降の生まれの人、女性であれば昭和41年4月2日以降の生まれの人（公務員の女性は男性と同じ）については、65歳まで一切老齢厚生年金の支給はありません。平均値で計算すれば、国の法律が変わることによって600万円も損をすることになります。

公的年金はなくならないが…

また現役時代の収入に対する年金受給額の割合を示す所得代替率も、今後の経済の成長により変動する可能性があります。公的年金は若い世代が高齢者を支える「賦課方式」なのでなくなることはありませんが、少子高齢化を考えると年金だけで老後の生活費がすべて賄えるとは考えにくいでしょう。減少する国の年金部分を補い、私たちの老後の生活を支えるもう1つの柱が確定拠出年金です。

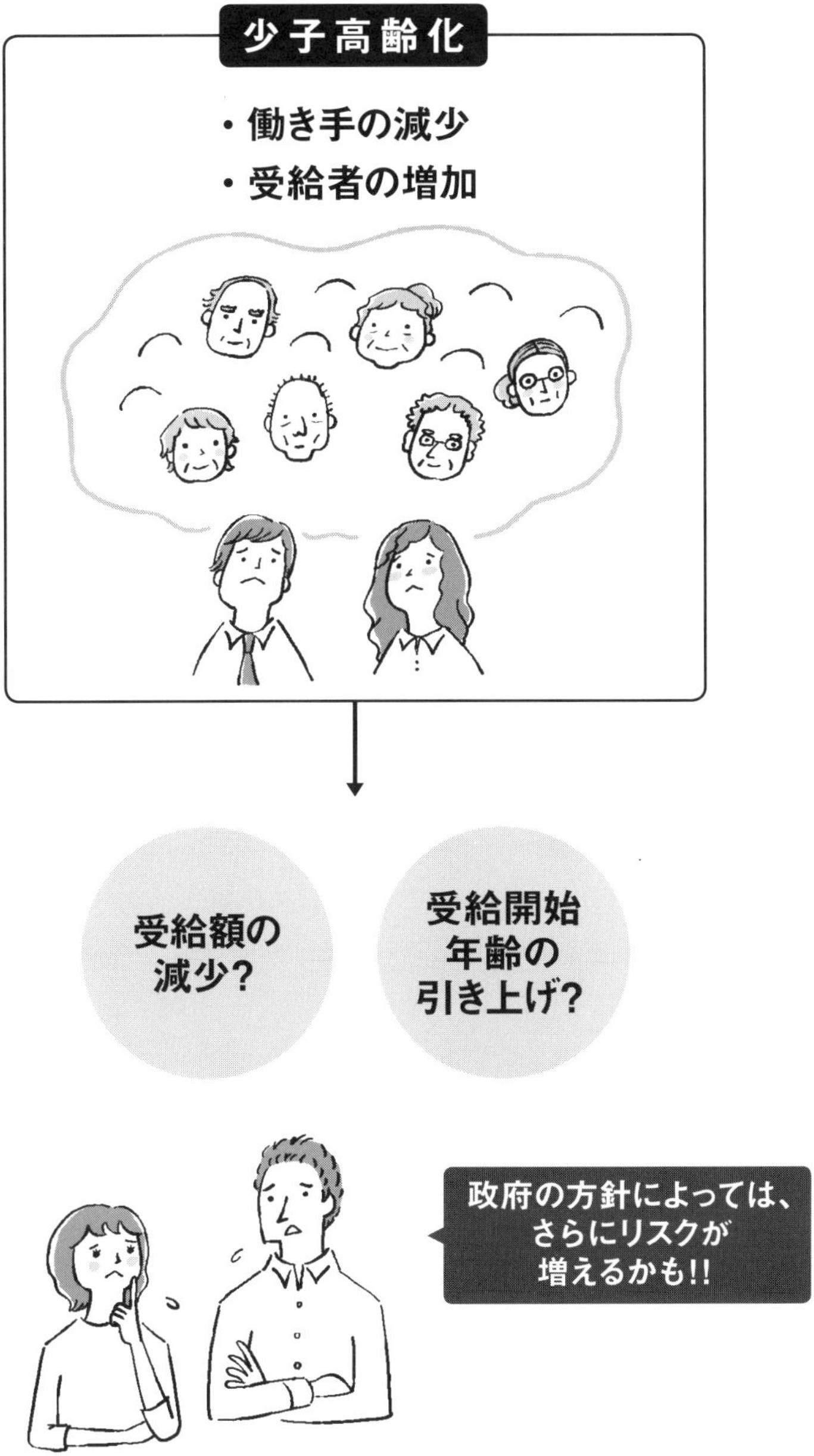

contents

基礎編

第1章 確定拠出年金とはそもそも何か？

基礎編

第2章 老後の備えに確定拠出年金が有効な理由

実践編

第3章 どの金融機関に申し込みをすれば良い?

実践編

第4章 個人型確定拠出年金の書類の書き方を知ろう

contents

実践編

第7章

それでも確定拠出年金の加入に迷ったときは？

事例編

第8章

ケース別確定拠出年金活用法

contents

第1章

確定拠出年金とはそもそも何か？

基礎編

01

確定拠出年金は節税しながら自分年金が作れるお得な制度

公的年金にはどれだけ頼れる？

確定拠出年金とは、国の年金だけでは不足する老後資金を「自分でお得に作る」制度です。国の年金制度は「**賦課方式**」といって現役世代の負担する保険料がそのまま高齢者の生活保障として「年金」の形で支払われる仕組みです。つまり保険料を負担する現役世代がいなくならない限り支え手が存在しますから、制度がなくなることはありません。

支払う年金の源泉がなくならないので、お年寄りがいくら長生きをしても一生涯年金を受け取ることができます。高齢化社会において、ずっと国からお金がもらえるというのはとても大きな安心です。

しかしながら日本は超高齢化社会で、なおかつ少子化が進んでいます。このままでは保険料を負担する支え手の数がどんどん減って、年金の支払いを受けるお年寄りの数がどんどん増えてしまいます。

そのため、現役世代が月々負担する保険料は上がり、年金を受給する年齢が引き上げられたりしています。

保険料を納めるお財布を国全体でシェアしているため、少子高齢化などといった国の事情

●賦課方式
年金制度は長期間安定して運営する必要があるため、2つの方式が取られています。1つが「賦課方式」といって現在の高齢者が受給する年金を現役世代が負担するもので、少子高齢化が進む日本では将来性が危ぶまれています。もう1つが「積立方式」といわれるもので、文字通り自分自身の年金を自分で積み立てていく方式です。本書で解説していく確定拠出年金も、こちらの積立方式に属します。

| 1-01 | 年金を補う確定拠出年金の制度

国の年金制度	確定拠出年金
・働き手の減少と高齢者の増加 ・受給年齢の引き上げ？ ・受給額の減少？	・自分のためだけに積み立てられる ・国の影響を受けない ・充実した税制優遇
将来が不安！	将来も安心！

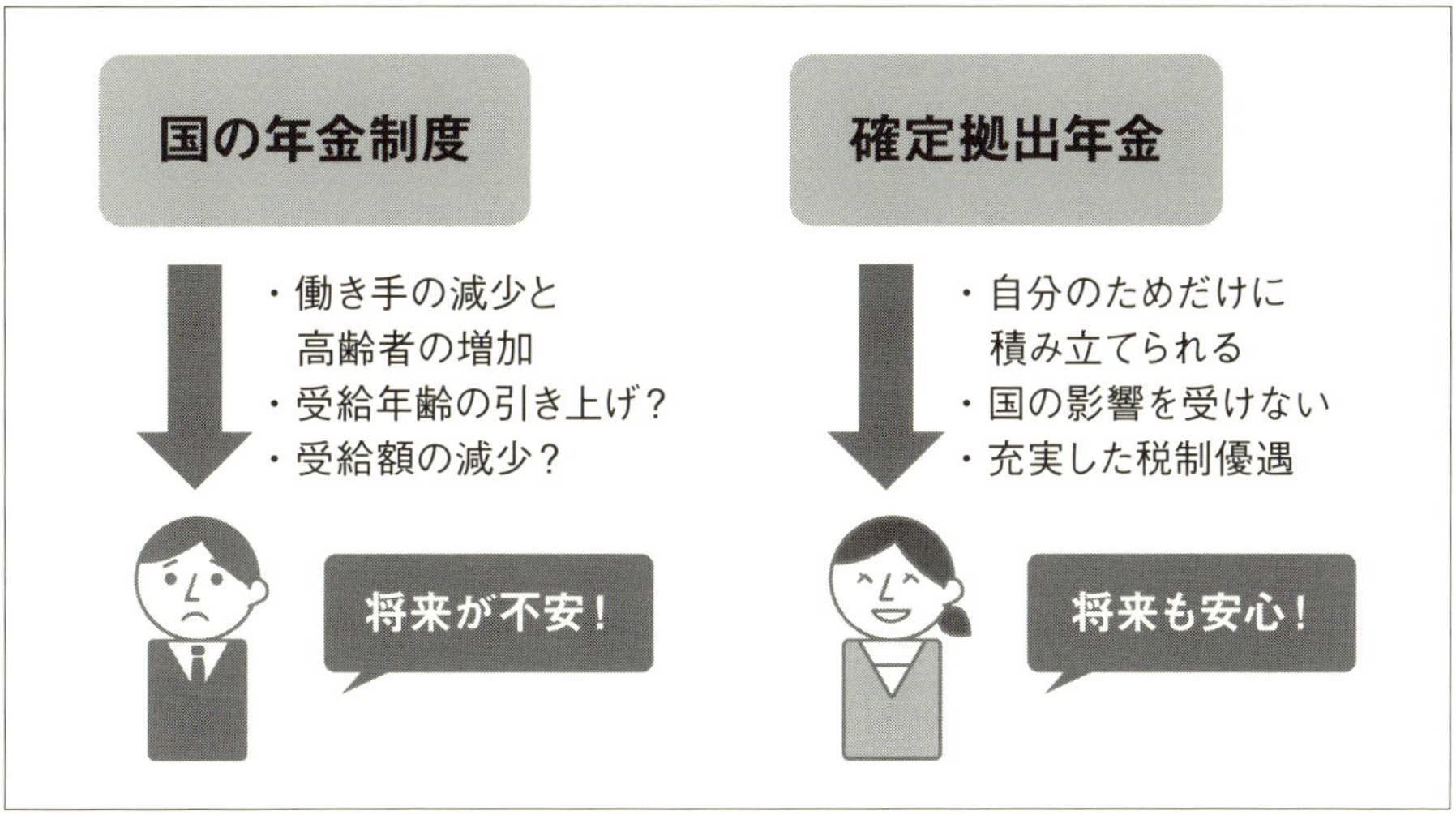

で保険料の徴収や受給の条件を変化せざるを得ない。これは国の年金の宿命ともいえます。

老後に備える最適な手段

それに対し確定拠出年金は、自分ひとりだけの老後資金専用口座です。若いうちに積立をしたお金を歳をとった自分が使う仕組みなので、国の事情で自分のお金が使えなくなったりするようなことは一切ありません。

60歳までは受け取りができませんが、それまでに10年以上の加入期間があれば、60歳から70歳までの間の好きな時期に一時金で受け取ったり、年金で受け取ったりと非常に自由度の高い選択ができるのが特徴です。

また税金の優遇があるのもうれしいポイントです。

何しろ自分自身の老後のために貯蓄をするとその全額が**所得税のかからないお金**となるのですから、とってもお得です。この大増税

● **所得税のかからないお金**

所得税は年収から各種控除（経費）を差し引いたあとの所得に課税されます。確定拠出年金の掛金は全額がこの控除（経費）として認められます。その結果、負担すべき所得税額が軽減されます。

時代に貯蓄をすると税金の払い戻しがある制度なんて、確定拠出年金以外ありません。更に運用益は非課税、受け取り時点でも税制優遇ありという至れり尽くせりの制度なので、やらないなんて本当にもったいないない制度なのです。

自分の老後は自分で守る

なぜそんなにお得なのか？

もちろんそれだけ国の年金事情が深刻だということです。公的年金がなくなることはありませんが、年金額がますます減り、受給開始年齢が更に引き上げられるという状況に仮になったとしても、自分自身の老後は自分でしっかり支えてくださいね、という国からのメッセージだと認識しましょう。

02

確定拠出年金って金融商品なの？

確定拠出年金は**金融商品**ではありません。そのため、どこかの金融機関で「買う」ものではありません。

確定拠出年金は「仕組み」なので、その仕組みを取り扱う窓口であればどこでも利用できます。

金融機関に専門の口座を開く

確定拠出年金という「仕組み」を取り扱っている窓口は金融機関です。銀行、証券会社、保険会社などが主な取扱い窓口です。

ただし通常の店舗の窓口で「仕組み」を使うための申し込みはできず専用の窓口で申し込みをします（申し込みの仕方は後で詳しく説明します）。

確定拠出年金の「仕組み」を使うためには、専門の金融機関窓口で確定拠出年金の口座を開きます。これは、老後資金専用の「積立口座」なので一般の口座とは別に開設します。

この積立口座は他の口座と異なり、ここに入ったお金については、**所得税が免除され年末調整で還付されます**。また翌年の住民税の課税額も減るので、文字通り特別な口座となります。

●**金融商品**
銀行や証券、保険会社などの金融機関が販売する商品のこと。代表的なものとしては、定期預金、年金保険、株式、公社債、投資信託などがあります。

●**所得税の免除と年末調整の還付**
個人型確定拠出年金は年末までに「小規模企業共済等掛金控除」の証明書が加入者宛に届きます。それを会社に持っていけば、年末調整で還付が受けられます。自営業者の場合は同様の証明書を用い、確定申告で還付を受けます。

1-02 運用する商品は自分で選ぶ

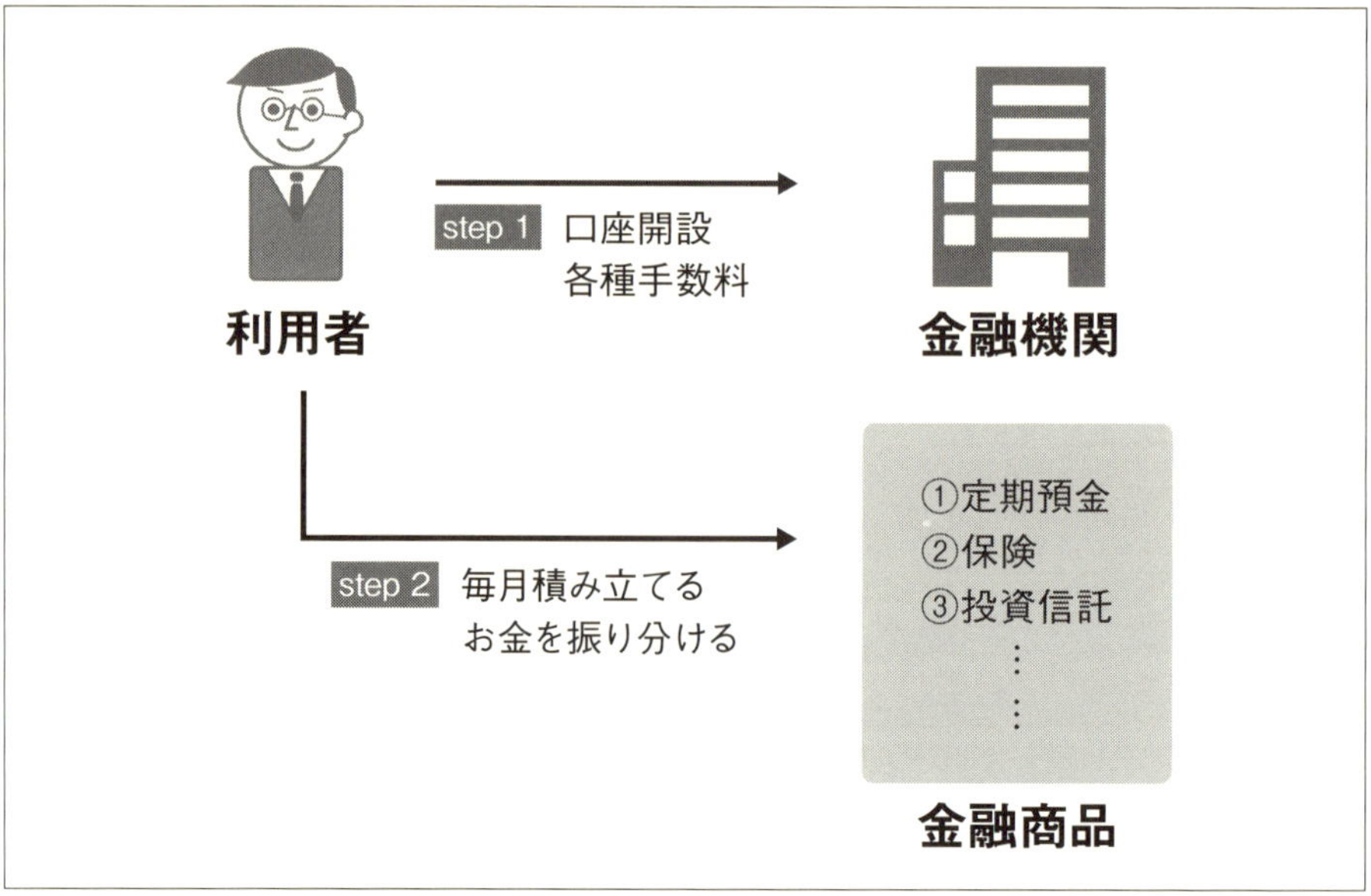

加入者はこの口座に60歳まで毎月お金を積み立てていくことになります。通常の口座であれば、口座にお金を積み立てるだけで終わりなのですが、確定拠出年金の口座の場合、この口座にあらかじめセットされているいくつかの金融商品を選び運用するという作業があります。

投資だけでなく定期預金もできる

自分で金融商品を選び運用するというと、驚く人もいるかもしれませんが、選択できる金融商品の中にはおなじみの定期預金や年金保険といった商品もあります。ですから、その人のペースで金融商品を選べば良いのです。

例えば定期預金にお金を預けると利息が付きその利息からは20%の税金が差し引かれます。

しかし確定拠出年金の口座で定期預金にお金を預けると利息から税金を差し引かれることなく貯蓄を継続することができます。これが税制優遇の「運用益非課税」というメリットです。

税金を差し引かれることなく付いた利息をまた定期預金の元本に組み入れて運用できるので**複利**効果が期待できます。

運用するなら利回りは結果次第

確定拠出年金の口座にあらかじめセットされている金融商品の中には投資信託といった商品もあります。

ご存じのとおり投資信託とは株や債券に投資をする商品ですから、市場の状況によっては増えたり減ったりします。したがって、確定拠出年金には決まった利回りは存在せず、すべて自分の選んだ商品の結果次第となります。

●複利
元本から生じる利息を再び元本に組み込み、雪だるま式に元本が増えていく仕組みのこと。例えば、100万円を年利3%で運用した場合、11年目の利率は3%で元本と利息合わせて103万円だが、2年目はさらに106・09万円となり、10年後には134・3万円、25年後には209・3万円にまで元本が増えます。長期で運用すればするほど増えて行くため、特に確定拠出年金では必須の考え方となっています。

03

基礎編

確定拠出年金は儲かるの？

私たちに最もなじみがある金融商品といえば定期預金でしょう。定期預金は満期まで預ければいくらの利息が付くということが、あらかじめはっきり分かります。しかし、確定拠出年金の場合そういうことが一切分かりません。

前述したとおり、確定拠出年金の口座にあらかじめセットされた商品の中には、定期預金や保険商品といった「**元本確保型**の金融商品」もあります。それらを選べば積立をした元本にいくらの利益が上乗せされるだろうという予測は付きますが、確定拠出年金では、**毎月異なる金利の定期預金**を積み立てていくので受取額の予測は困難です。

注目したい節税メリット

しかし確定拠出年金には「節税」というメリットがあります。銀行預金の利息が果実だとすれば、確定拠出年金の節税効果は土の中で実る芋のようなもの。いずれにしても加入者にとってはメリットです。

しかも節税は「確実」な利益です。同じ仕組みを使えば、だれも失敗することなく、確実に節税メリットを得ることができます。定期預金は金利しか付きませんが、同じ定期預金であっても確定拠出年金の仕組みの中で利用すれば、「利息」と「節税」ができるのですから、

●元本確保型の商品
満期まで運用した場合、元本が１００％返ってくる保証のある商品のこと。安全性の高い商品です。リスクが大きいがリターンも大きい商品と組み合わせることで、全体のリスクを低減することができます。ただし、商品によっては、満期前に解約した場合別途ペナルティが生じ、元本割れになってしまうこともあるので、注意が必要です。

●毎月異なる金利の定期預金
確定拠出年金は毎月の掛金で都度定期預金を組みます。金利は毎月見直されるため、1年間定期預金で積立をすると、金利と満期が異なる定期預金12本にお金を預けていることになります。

1-03 大きな節税効果

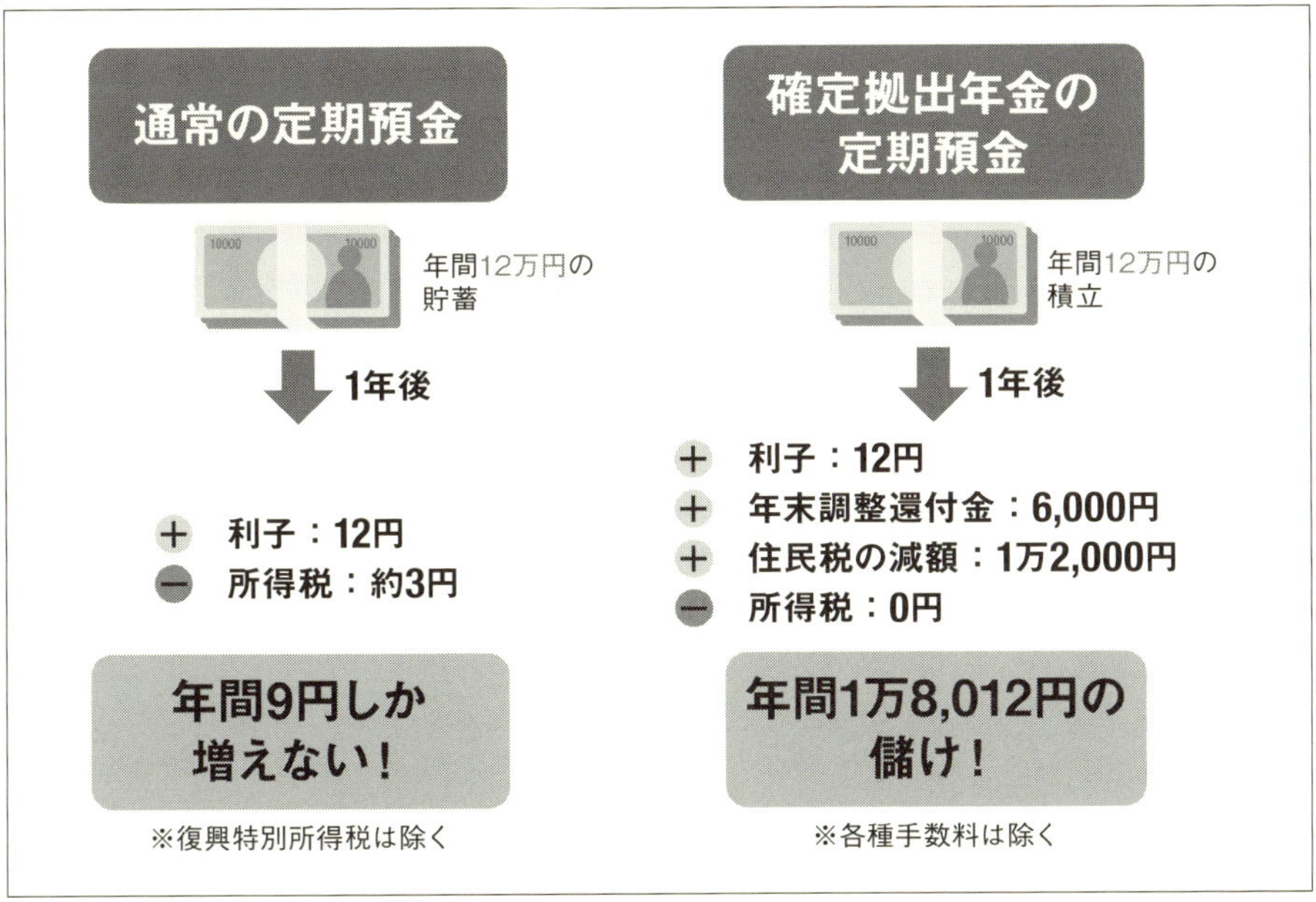
通常の定期預金
年間12万円の貯蓄
1年後
＋ 利子：12円
− 所得税：約3円
年間9円しか増えない！
※復興特別所得税は除く
確定拠出年金の定期預金
年間12万円の積立
1年後
＋ 利子：12円
＋ 年末調整還付金：6,000円
＋ 住民税の減額：1万2,000円
− 所得税：0円
年間1万8,012円の儲け！
※各種手数料は除く

マイナス金利の今、これほどの確実なメリットはないのです。ましてや個人にかかる所得税率の負担は重くなる傾向にあるので、それに反比例して節税効果はますます大きくなります。

年12万円の貯蓄で2万円弱の節税効果が見込める

所得税の仕組みを考えてみましょう。日本の所得税は**超過累進課税制度**ですから所得に応じて所得税も上がる仕組みです。所得が195万円までについての所得税率が最も低く5%です。

したがって確定拠出年金の掛金を拠出すると、その全額に対し最低でも5%の節税ができるというわけです。

●マイナス金利
景気が悪化し、世の中に出回るお金の量が少なくなった際に用いられる政策。銀行に預けたお金に対して付く「金利」がマイナスになることで、預けたお金が目減りすることを嫌い、消費に回されるとの思惑から用いられます。日本でも2016年1月29日に日本銀行がマイナス金利の導入を発表しましたが、対象は銀行間取引の金利のみで、個人預金に付く金利にはいまのところ拡大される予定はありません。

●超過累進課税
課税対象の額が一定額以上になった場合に、超過金額により高い税率が適用される課税方法のこと。

1-04 超過累進課税の仕組み

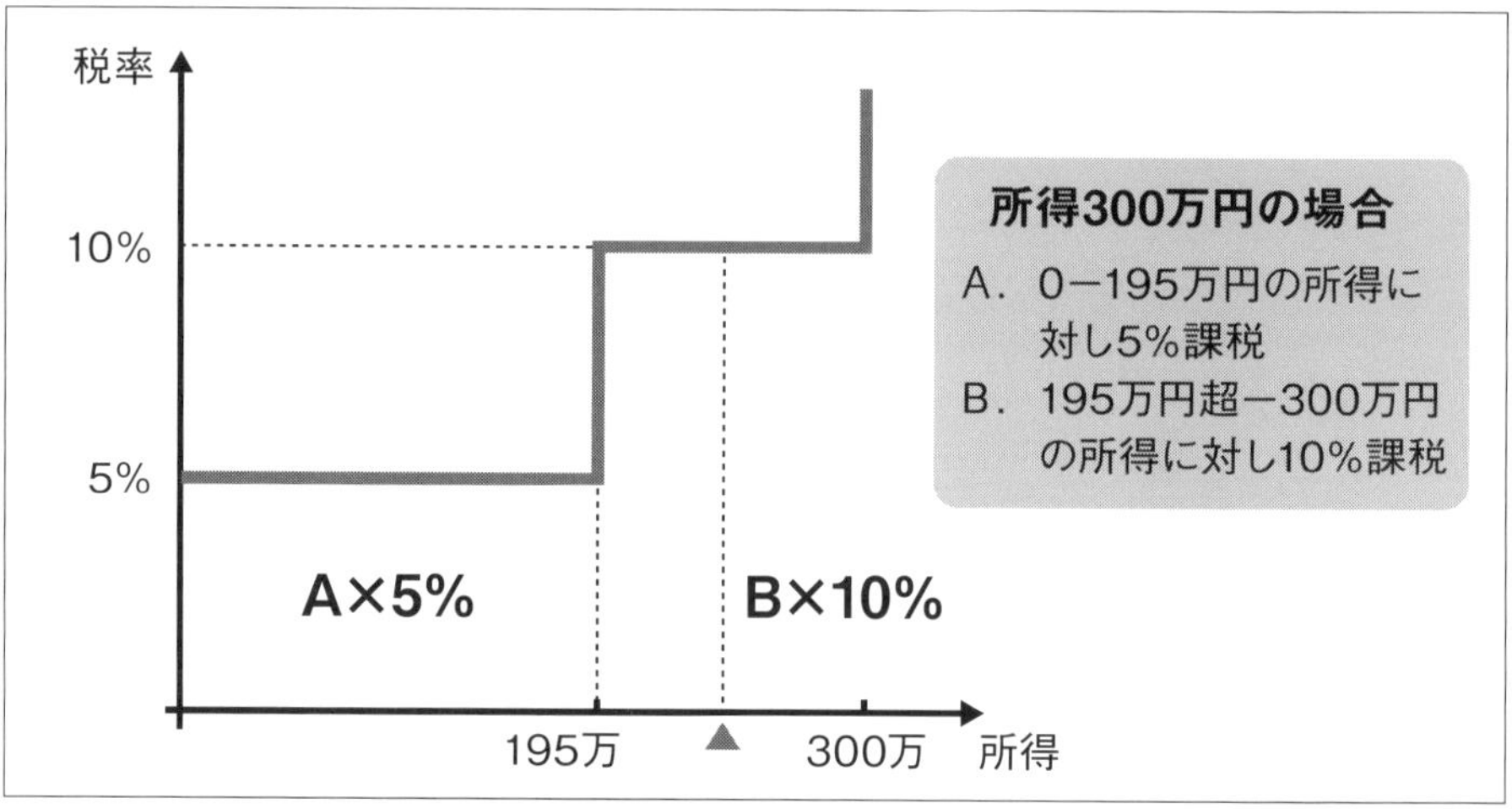

税率
10%
5%
所得300万円の場合
A．0−195万円の所得に対し5%課税
B．195万円超−300万円の所得に対し10%課税
A×5%
B×10%
195万
300万
所得

例えば、月1万円の掛金だと年末調整で6000円の還付金です。住民税は所得に対する所得割がどこの地域でも10%ですから、翌年の住民税の支払いが確定拠出年金の積立をすることで1万2000円減ります。所得税分と合わせて合計1万8000円の節税です。

銀行の定期預金を移すだけでも効果大

年間12万円の貯蓄をして、1万8000円の節税ということは、1万8000円の利益と同じことです。銀行の通常の定期預金を確定拠出年金の定期預金に移しただけで、金利という果実を除いたとしても安定利回りは15%の利益ですから、これほどの「お金が儲かる」仕組みはないわけです。これだけの節税効果が地面の下で着実に実っていると思うと、将来の受取額が決まっていなくてもどんな果実がなるのか楽しみに待てるのではないでしょうか？

04

基礎編

積み立てたお金がなくなったりはしないの？

確定拠出年金を銀行の定期預金と比較してお伝えしましたが、確定拠出年金のお金の流れは定期預金よりちょっと複雑です。これはみなさんのお金がなくなることがないように工夫されているからです。

掛金はそのまま信託銀行に移される

まず確定拠出年金の口座は金融機関で作りますが、この場合金融機関は窓口業務だけを行い（この金融機関を運営管理機関といいます）お金には触りません。そのままみなさんの掛金は主に信託銀行（これを事務委託先金融機関といいます）に移されます。したがって運営管理機関が万が一倒産したとしても、そもそもみなさんのお金を預かっているわけではないので、みなさんが何か不利益を被ることはありません。

信託銀行はみなさんのお金を「一時保管」する役割を担います。

確定拠出年金に加入すると、毎月26日にみなさんが指定した口座から掛金が引き落とされるのですがこのお金を一時保管するのが信託銀行です。

引き落とされたお金で商品を買い付ける

みなさんのお金は引き落としの13営業日後に「商品の買付」に回ります。ここでみなさん

1-05 積み立てたお金の流れ

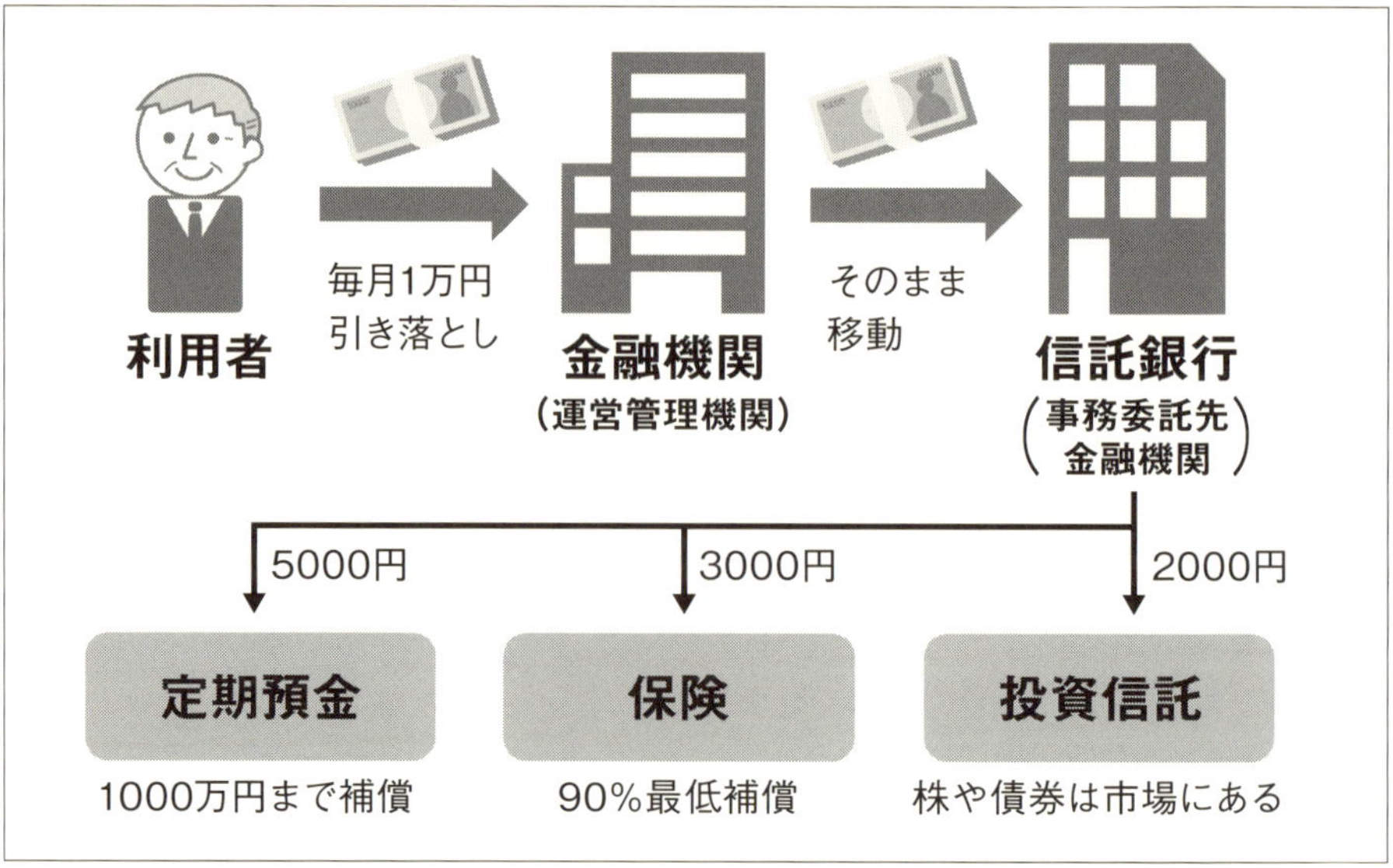

が指定した金融商品を信託銀行があなたに代わって買付していくのです。

例えばあなたが定期預金Aを50％、保険商品Bを20％、投資信託Cを30％と指定すれば、掛金1万円のうち5000円で定期預金を、2000円で保険商品Bを、3000円で投資信託Cを買い付けます。ここで信託銀行の一時保管場所からそれぞれの商品にお金が移ります。

お金はきちんと守られている

定期預金に回したお金は、ペイオフの対象となります。

同じ銀行に預けたお金であれば、確定拠出年金の口座にある定期預金も併せて元本1000万円とその利息については預金保護機構によって守られます。

保険商品を買付したお金は生命保険契約者保護機構の対象です。

万が一の時点での責任準備金（解約返戻金のようなもの）の90％を限度に補償されます。その後は別の保険会社にその商品の管理が引き継がれ、新しい契約条件が適用され継続されます。

投資に回されたお金は市場にある

投資信託に回したお金は、その投資信託を通じて株式や債券などに投資されます。例えば投資先の株価が下がったら、その投資信託の基準価額は下がりますが、投資している先が一斉に倒産などといった状況にならない限り、投資したお金がなくなるということはありません。

また投資信託で投資に回されるお金は、運用会社の金庫にあるわけではなく、それぞれ市場に投資されていくので、運用会社の倒産リスクからも切り離されます。

このように確定拠出年金のお金の流れは、銀行にお金を預けるだけの仕組みよりちょっと複雑ですが、最終的にはみなさんが選ぶそれぞれの金融商品ごとのセーフティネットがあり、お金が守られていると思ってください。

05

基礎編

確定拠出年金はだれでもできるの？

働き方で区分が異なる

確定拠出年金は２０１７年1月より「だれでも」できるようになります。しかしその「だれでも」をもう少し詳しく理解するには国の年金制度を知っておく必要があります。

確定拠出年金はいわゆる公的年金ではありませんが、国の年金では不足する老後のお金を準備する仕組みですから、国の年金制度に準じていろいろなことが決められているのです。

日本に住むすべての20歳以上60歳未満の人は国籍に関わらず国民年金に加入します。国民年金加入者は働き方により３つの被保険者区分に分かれます。

会社員と公務員は第２号被保険者です。第２号被保険者の配偶者で年収が１３０万円未満の人を第３号被保険者と呼んでいます。いわゆるサラリーマンの専業主婦の妻といった人たちです。

第1号被保険者は、第2号でも、第3号でもない人すべてが属します。

現行制度の仕組みを知ろう

このうち第2号被保険者のみ国民年金の上乗せで**厚生年金**にも加入します。当然ながら保険料も国民年金と厚生年金の２つ分を負担しますが、受け取りの際も２つの年金を受け取り

●**厚生年金**
第2号被保険者の中でもいわゆるサラリーマ

1-06 公的年金と確定拠出年金の関係

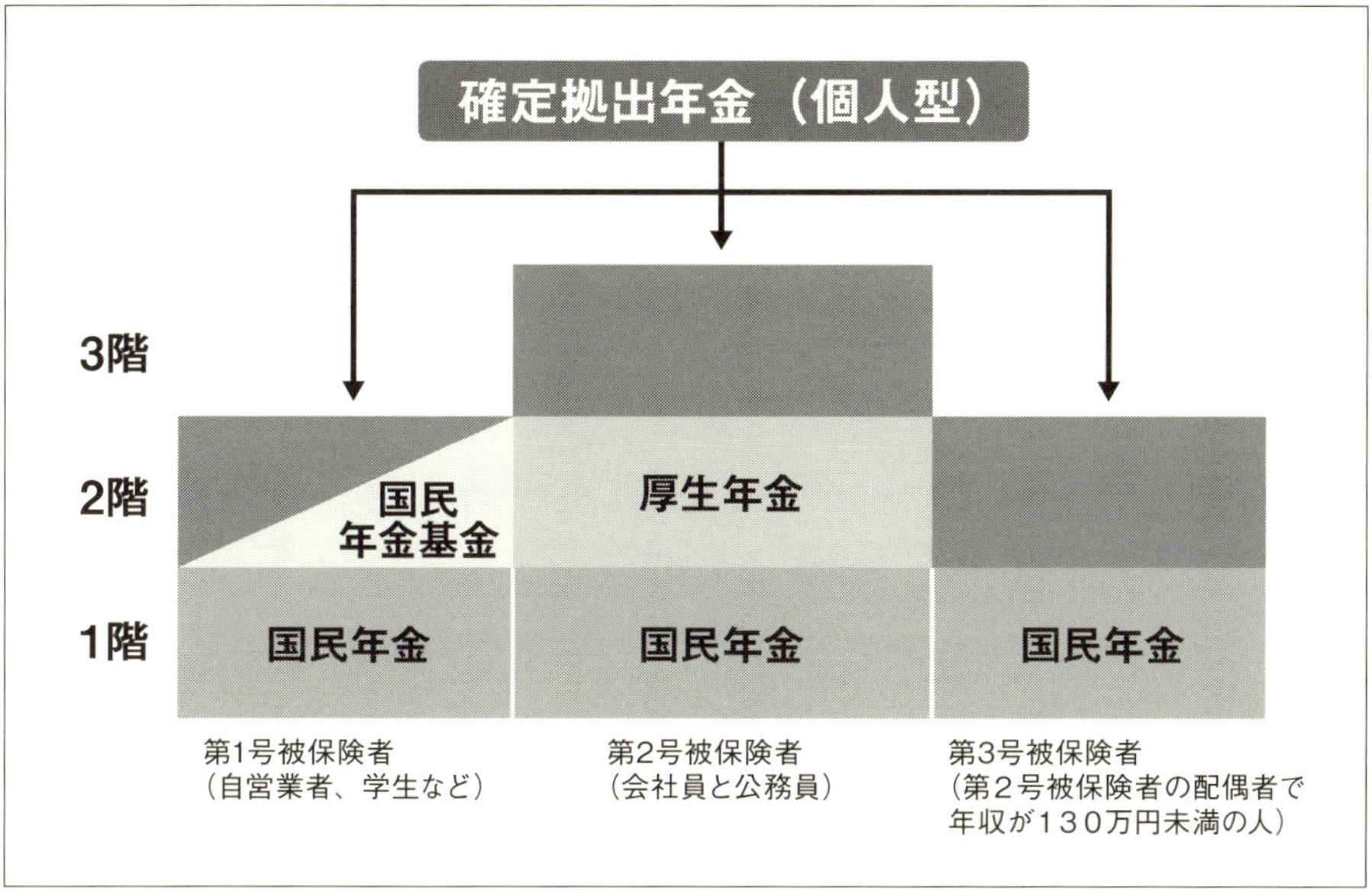

ます。

第2号被保険者の場合、国民年金と厚生年金の2つ合わせて「公的年金」となり、第1号被保険者と第3号被保険者は国民年金のみが「公的年金」となります。

例えば、自営業者など「雇われていない人」は第1号被保険者の代表例です。フリーランスや学生も第1号被保険者です。第1号被保険者の配偶者で働いていない人も第1号被保険者です。同じ専業主婦といっても夫が会社員だと第3号被保険者ですが、夫が自営業だと第1号被保険者です。

前者は国民年金の保険料が免除で、後者は保険料支払い義務があります。

仮に両者とも20歳から60歳までずっと専業主婦であったとしたら、65歳か

ンが国民年金とあわせて加入する公的年金。老齢年金、障害年金、遺族年金などから構成されます。「報酬比例」と呼ばれ、所得の多い人ほど多く納め、将来多く受け取れる仕組みになっています。

ら受け取る老齢基礎年金（国民年金）は同額ですが、第3号被保険者は保険料を一切負担することなく第1号被保険者と全く同額の年金額を受け取ることになります（第3号被保険者は個々に保険料を負担しておらず、厚生年金の加入者全体で負担しています）。

保険料未納者は加入できない

このように公的年金は日本に居住するすべての人が強制加入する仕組みにもかかわらず、年金の仕組みが異なるのです。第1号被保険者と第3号被保険者は加入期間が同じであれば老齢基礎年金額は同額ですが、その保険料の負担方法が異なります。また第2号被保険者については厚生年金という上乗せがあります。そのため確定拠出年金はそれぞれの属性に合わせて加入資格の有無、掛金の上限額が定められています。

現在確定拠出年金は第1号被保険者と第2号被保険者のみに加入が認められています。第1号被保険者の公的年金は国民年金しかないので、その上乗せを確定拠出年金で作ってくださいという意味です。

第1号被保険者の場合、確定拠出年金の他に国民年金基金という上乗せの自分年金制度があり、併用が可能です。国民年金基金も確定拠出年金も掛金が全額所得控除という特別措置が取られるため不公平にならないように掛金の上限は月6万8000円と決められています。併用する場合も、この金額が上限でこれ以上掛金を掛けたくても認められません。

第1号被保険者には無職の人も含まれるのですが、所得が低く国民年金保険料の支払いを免除されている人、あるいは保険料をそもそも支払っていない未納の人は、確定拠出年金あ

1-07 個人型確定拠出年金の掛け金一覧（2017年1月以降）

被保険者区分	第1号被保険者	第2号被保険者		第3号被保険者
		会社員	公務員	
月の掛金上限額	6万8,000円	2万3,000円	1万2,000円	2万3,000円
年間の掛金上限額	81万6,000円	27万6,000円	14万4,000円	27万6,000円

※2018年1月以降、掛金は年単位で払い込めるようになります

るいは国民年金基金への加入はできません。

２０１７年１月から加入枠が拡大

国民年金のみに加入している第３号被保険者については、現在のところ確定拠出年金への加入資格がありません。前述したとおり第３号被保険者は国民年金保険料を個人として負担していないからです。

しかし２０１７年１月からは第３号被保険者も確定拠出年金に加入できるようになります。毎月の掛金上限は２万３０００円です。詳しくは第８章の『ケース別確定拠出年金活用法』でお伝えしますが、パートの主婦などには大きなメリットになりそうです。

第２号被保険者のうち会社員は確定拠出年金の加入資格者です。ただし勤務先の「企業年金」の制度によって加入の条件が異なります。企業年金とはその会社独自の福利厚生制度として用意された会社員の公的年金上乗せ制度です。確

定拠出年金は節税効果が高いので、総合的な老後の生活保障設計の中であまりにも差が開かないようにと細かく条件付けされています。会社に企業年金がない会社員は任意で「個人型」に加入することができます。その場合月の掛金は2万3000円が限度です。

会社員と違う公務員の掛金限度額

同じ第2号被保険者でも公務員については確定拠出年金の加入が認められていません。しかし第3号被保険者と同様に、2017年1月より公務員についても確定拠出年金の加入が認められるようになります。

制度改正の際には、かならずその改正に至った「理由」が存在します。公務員についてはこれまで同じ第2号被保険者でありながら、会社員より優遇された「**職域加算**」という上乗せの年金をもらっていましたが、それが2015年10月に被用者年金の一元化によりなくなったこともあり、確定拠出年金の加入が認められるようになります。毎月の掛金限度額は1万2000円です。こちらも詳しくは第8章で解説します。

●**職域加算**
第2号被保険者の中でもいわゆる公務員が国民年金とあわせて加入する、共済年金の独自制度。厚生年金と同じ「報酬比例」の納入、受給に加えて加算される部分のことを指します。2015年10月1日に「被用者年金一元化法」が施行されるにともない廃止されました。

基礎編

06

企業型と個人型って何が違うの？

会社員の場合、確定拠出年金の加入方法には企業型と個人型という2パターンがあります。「企業型」は勤務先に確定拠出年金の制度がある人が入ります。これは企業年金なので会社が掛金や運用商品の種類などすべて決めます。「個人型」は会社に確定拠出年金制度がない人、あるいはその他の企業年金、例えば**厚生年金基金**や**確定給付年金**がない人が入ります。こちらは「私的年金」なので、加入するのも任意ですし、掛金や運用などについてもすべて自分で決めます。

本書では個人型の解説がどちらかというと多くなりますので、企業型に加入している人はこのパートと第5章以降を中心に読んでください。

企業型は会社がお金を拠出する

企業型は会社の制度なので、毎月の掛金は会社が拠出します（会社によっては**財形貯蓄**のように加入者自らの希望額を積み立てる「選択制」のところもあります。選択制については、第8章を参照ください）。加入者は会社から拠出してもらったお金を自分の確定拠出年金口座で運用して、60歳以降に受け取ります。定年退職のときにもらう退職金を毎月の給与支払い時に少しずつ前払いしてもらい、それを自分で運用するイメージです。

●厚生年金基金
公的年金である厚生年金とは別に、国民年金と厚生年金に上乗せして受給ができる年金で、会社独自の制度。

●確定給付型年金(DB)
退職後に受け取る給付額があらかじめ約束されている企業年金のこと。運用の責任を企業が負い、不足した分を穴埋めする制度になっていて、社員にとってはメリットの大きい制度です。

●財形貯蓄（勤労者財産形成貯蓄制度）
従業員の給与から企業が天引きし行う貯蓄制度のこと。「一般財形貯蓄」、「財形年金貯蓄」、「財形住宅貯蓄」の3つから構成されます。中でも「財形年金貯蓄」と「財形住宅貯蓄」に関しては、元利合計550万円までが非課税となります。

1-08 同じ企業年金でも運用の方法が異なる

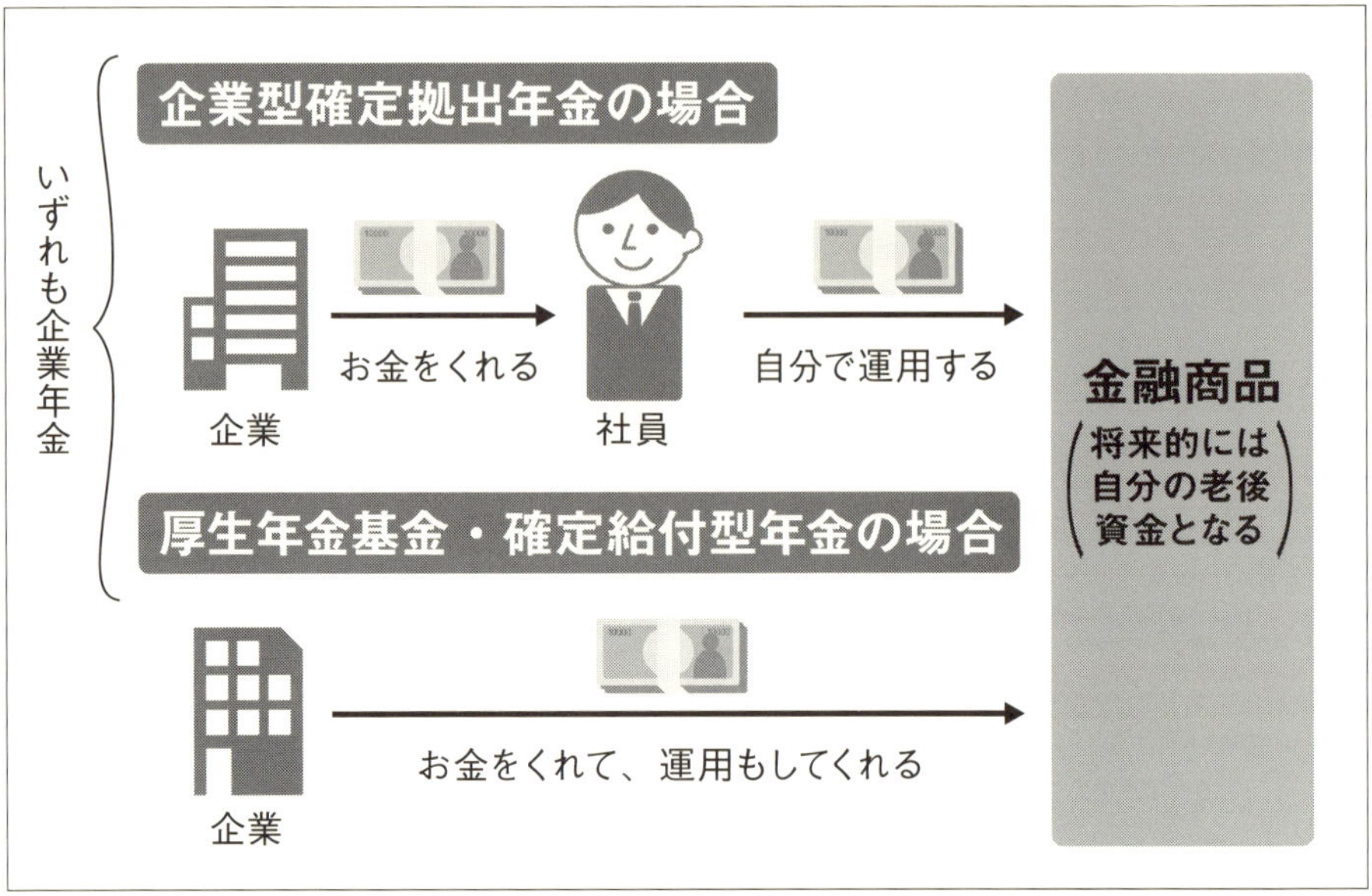

企業型についても掛金に上限が設定されているのですが、そもそも会社がルールを定め掛金を拠出するので加入者本人がこの掛金上限を意識する必要はありません。一般的には勤続年数や役職などで掛金が設定されるケースが多いようです。

給料と違い全額貯蓄にまわる

また企業型の場合、会社から掛金を拠出してもらうので、年末調整でその分に対する節税の還付金を受けるという仕組みでもありません。分かりやすいように、会社から1万円を昇給で受け取る場合と確定拠出年金の掛金で受け取る場合を比較してみます（図版1－09参照）。昇給として受け取る1万円からは税金と社会保険料が差し引かれます。前述通り所得税の最も低い税

1-09 掛金には税金がかからない

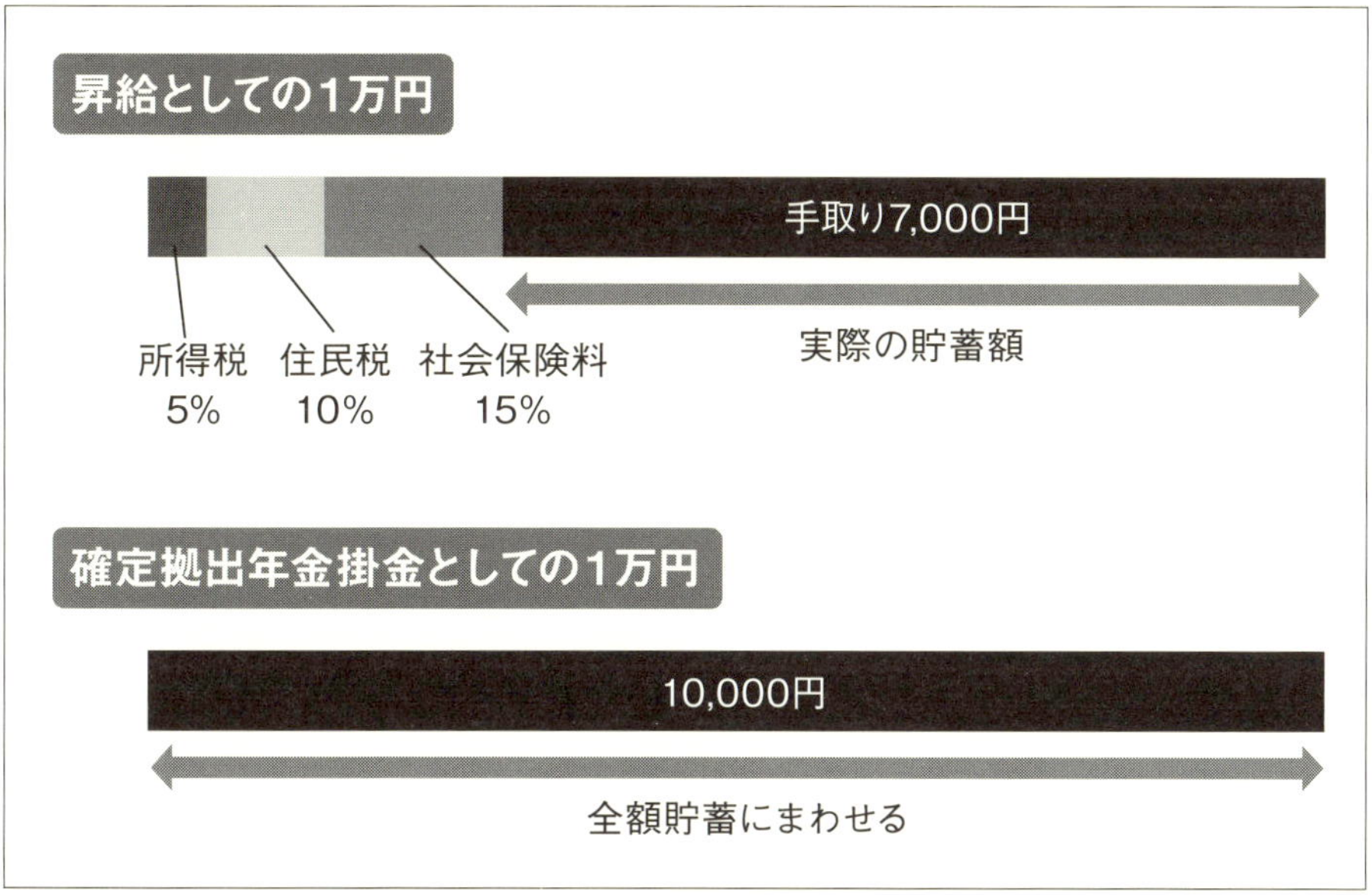

率は5%、住民税10%、さらに社会保険料の本人負担は15%ですから実に30%は1万円を受け取った瞬間に天引きされ、手取りはわずか7000円となります。一方で確定拠出年金の掛金として受け取る1万円は、税金も社会保険料もかからないお金となり、正味1万円が全額老後のための貯蓄となります。「節税」とはちょっとイメージが違いますが、やはりとても得な制度であることは理解できるかと思います。

会社の制度を調べてみよう

個人型の場合、確定拠出年金の**加入にかかる手数料**をすべて個人が負担しますが、企業型の場合はすべて会社が負担してくれます。他にもいくつかの書類の提出など、個人型であればすべ

●**加入にかかる手数料**
詳細は64ページを参照。

て自分で調べて手続きをしなければなりません。しかし、企業型は会社がすべて段取りしてくれるので、加入者としては何かとメリットが大きいのが企業型です。

しかし残念なことに、会社の制度にあまり関心がない、会社の情報提供も不十分であるなどの理由から積極的に確定拠出年金を活用していない人が多いのも事実です。「あれっ？うちの会社ってもしかしたら確定拠出年金の制度がある？」と思った人はぜひ今一度会社の制度を確認されることをおススメします。

確定拠出年金は会社員にとっては、これまでの企業年金や退職金と異なり、考え方がずいぶん新しいので少し分かりにくい部分があります。

例えば企業年金である厚生年金基金や確定給付企業年金は、社員が意識しないところで会社が準備してくれているお金で、ある一定の年齢になると公的年金の上乗せでもらえる「ご褒美」みたいなものでした。退職金についても、勤続年数に応じてもらえるやはり「ご褒美」みたいなものです。

一方で厚生年金基金が積立不足に陥っていることから分かるように、それらのご褒美はかならずしも「約束」されたものではありませんでした。経済状況などによっては予定の金額をずいぶん下回る金額しか支払えなくなることもありました。退職金であれば、退職日の前日に会社が倒産したらそのお金を手にすることをあきらめなければならないような「会社次第」のお金でした。

それが確定拠出年金では、毎月の掛金として会社が拠出してくれたお金はその瞬間に社員本人の財産となりますが、その代わり本人が主体性をもち積極的に関わらなければなりません。これまでのように会社から当たり前のようにもらえるお金と思っていると、十分に確定拠出年金のメリットを活用できずじまいになりますから、意識の切り替えが必要です。

想定利回りはどのくらい？

特に確定拠出年金の制度になる前に、厚生年金基金があった、退職一時金制度があったという人は「想定利回り」ということも知っておくと良いでしょう。厚生年金基金も退職一時金も将来会社が社員に支払う金額を予め決めてそのお金を会社が積立運用する仕組みです。

例えば60歳時点で1000万円の退職金であれば、社員の退職金支払いに向けて毎月一定額を積み立てて、目標を達成するために必要な運用利回りを定めます。仮に運用が予定通りにうまくいかなければ会社がその差額を埋め合わせ支払いに間に合わせます。

これが、会社は毎月の積立金を拠出するだけで社員が運用する確定拠出年金に変わる場合、毎月の積立金（拠出額）は予定される受取額を「想定利回り」で割り引いて計算されます。想定利回りが高ければ積立額は少なくて済み、想定利回りが低ければ積立額は大きくなります。

福利厚生拡充目的の導入もある

2001年に確定拠出年金が日本に導入された当時、企業型確定拠出年金の掛金を算出する際の「想定利回り」の平均は2・5％程度であったといわれています。つまり2・5％以上の運用利回りを社員が出せなければ、従前の制度である厚生年金基金などの受取額を下回るといった状況がありました。

実際その当時は株価も低迷しており、想定利回り以上の運用益が上げられないケースもありました。その結果、確定拠出年金はリスクを社員に押し付けるといった、あまり良くない評判もありました。

最近入社した人の中には、20年近くも前の会社の制度に文句を言っても意味がないと割り切る人も増えており、一時ほど「想定利回り」の問題が話題となることも少なくなりましたが、社歴が長い人であれば少しそのあたりの状況も知っておく必要もあるかと思います。

ただし、最近会社の制度が確定拠出年金に変わった、今まで退職金もなかったのに会社が確定拠出年金を導入したなどといったケースは、福利厚生拡充の目的も多くなりましたので、その場合は過去の制度からのしがらみはありません。純粋に自身の資産形成として活用してもらえれば結構です。

さらに会社で**マッチング拠出**が認められている、あるいは個人型との併用が認められるなどの場合もぜひ積極的に活用していきましょう。詳しくは第8章で解説します。

●**マッチング拠出**
企業型の確定拠出年金は、企業が掛金を拠出する制度でしたが、2012年1月に法改正され、従業員も一定の範囲内であれば掛金に上乗せして拠出する「マッチング拠出」が可能になりました。詳しくは第8章で説明します。

07

基礎編

確定拠出年金は「いつ」「どんな風に」受け取るの？

確定拠出年金で掛金の拠出ができるのは60歳になるまでです。60歳になると加入資格を失います。加入資格を失うと、それまでの積み立てたお金の受け取りが可能です（図版1－10参照）。これを「**老齢給付金**」と呼びます。老齢給付金は60歳時点で受け取っても良いですし、すぐに受け取らずに70歳までの10年間の間の好きな時期に受け取ることができます。老齢給付を受け取らずにいる間は、それまでの積み立てたお金の運用のみを行います。

老齢給付を60歳で受け取りできるようにするには60歳までに10年以上の加入期間（積立を行った期間）が必要です（図版1－11参照）。もし10年に満たない場合、最長で65歳まで老齢給付の受け取りができません。積立は60歳までですから、老齢給付が受けられるまでの間は積み立てたお金の運用のみが可能となります。新たな掛金の拠出ができず、運用のみを行う場合、いくつか注意点があるので、第8章で詳しくお伝えします。

老齢給付の受け取りの方法は一時金でも良いですし、分割で年金払いとしても良いです。また、一時金と年金払いの併用でも良いとかなり自由度があります（運営管理機関が契約している事務委託先金融機関によっては併用不可の場合もあります。詳しくは運営管理機関に問い合わせましょう）。受け取り時の税金の詳細は第8章で解説しますが、一時払いを選ん

●**老齢給付金**
老齢給付金は実際に会社を退職しなくても、受け取る時点で「退職金扱い」となり、税の優遇が受けられます。

●**死亡一時金**
確定拠出年金の加入者または加入者であった人が死亡した際に、遺族に支払われるお金のこと。「一時金」ですので、分割して受け取る事はできません。死亡後3年以内に支給が確定すると、みなし相続財産として法定相続人1人あたり500万

1-10 老齢給付金の受け取り方法

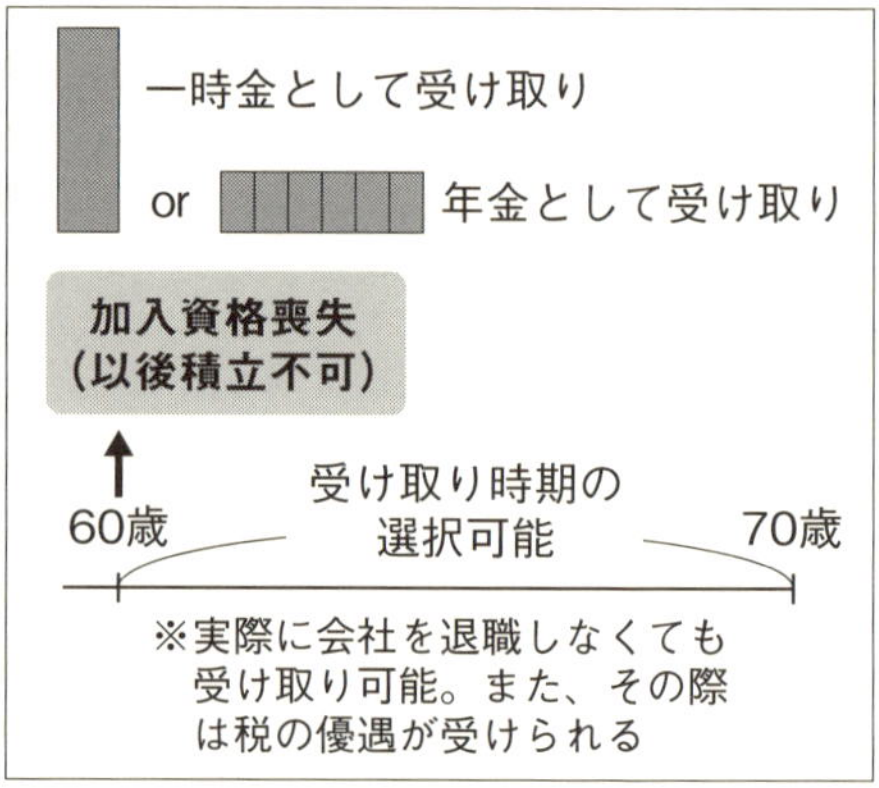

1-11 50歳から加入すると？

60歳までの加入期間が10年未満の場合の老齢給付開始年齢

加入期間	老齢給付開始年齢
8年以上	61歳から
6年以上	62歳から
4年以上	63歳から
2年以上	64歳から
1カ月以上	65歳から

でも年金払いを選んでも、いずれも税制優遇があります。

このように60歳まで引き出しができないという厳格なルールがあるものの、その他は非常に自由度が高く、税制優遇の大きいとても優れた資産形成方法が確定拠出年金なのです。

資産は「みなし相続財産」となる

老齢給付の他、「**死亡一時金**」と「**障害給付金**」の2つの受け取り方法があります。死亡一時金は加入者が亡くなった際に、資産が**遺族**に支給されます。確定拠出年金の受取人は、法律婚、事実婚いずれも対象です。

また、受取人の指定もできます。確定拠出年金の資産はみなし相続財産となり、「500万円×法定相続人の数」の計算式で求めた金額が控除されます。障害給付金は障害を負った際の給付です。障害年金の認定を受けるなどの条件を満たしたときに一時金または年金として受け取ります。税金は全くかかりません。

円の非課税枠が認められます。3年から5年以内の受け取りは一時所得となります。5年を過ぎた場合は、死亡した人の相続財産として扱われます。

●**障害給付金**
確定拠出年金の加入者および加入者だった人が、障害基礎年金における1級または2級に相当する高度障害者になった場合に、確定拠出年金を受け取れる制度のこと。対象者が70歳になる前に請求しないと受け取れないので注意しましょう。

●**遺族**
第1順位：配偶者（内縁の妻を含む）。第2順位：配偶者がいない場合は、亡くなった人に生計を維持されていた者（子⇒父母⇒孫⇒祖父母⇒兄弟姉妹⇒その他親族の順）。第3順位：亡くなった人に生計を維持されていなかった者（子⇒父母⇒孫⇒祖父母⇒兄弟姉妹の順）。

08

基礎編

確定拠出年金は途中でやめられるの？

確定拠出年金は一度始めたら途中でやめて解約することができません。確定拠出年金は原則60歳まではどんなことがあっても解約することができないのです。特に2017年以降、これまで以上に**脱退一時金の要件**が厳しくなりますので、始める際にはそのことを良く理解する必要があります。これは入社した会社が「企業型」確定拠出年金を導入していて自分が希望したわけではないが加入した、という場合でも同じです。

働き方が変わっても続けられる

会社で導入していた企業型については、その会社の加入資格から外れない限り加入し続けます。例えば企業によっては役員になると加入資格を失うといったルールがありますが、そのときでも確定拠出年金をやめて解約するということはできません。その時は、会社の「企業型」確定拠出年金から「個人型」確定拠出年金に資産を「移し換え」して60歳まで継続します。

会社を辞める際も同様です。転職先が「企業型」確定拠出年金を導入している場合は、次の会社の企業型に自分の資産を「移し換え」して継続します。転職先に企業型がない場合は「個人型」に資産を「移し換え」して継続します。その際の選択肢は、掛金を引き続き拠出

●**脱退一時金の要件**
詳細は100ページ参照。

1-12　2017年1月から移し替えはこうなる

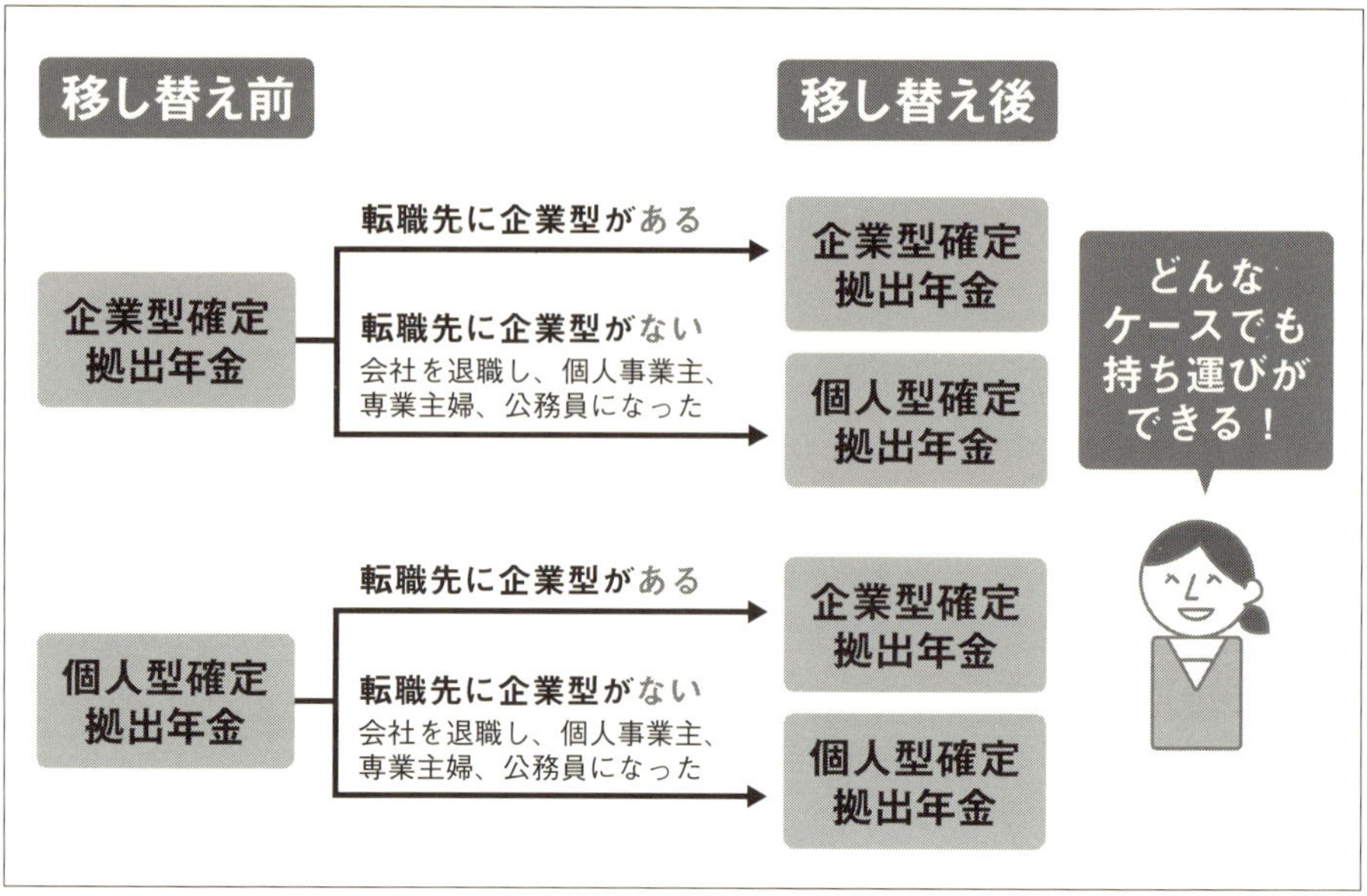

する方法（加入者として継続）と掛金は拠出せず運用のみを継続する方法（運用指図者）の2つがあります。いずれにしても脱退一時金として解約し払い戻しを受けることはできません。

転職先に確定拠出年金以外の企業年金がある、会社を辞めて公務員になる、専業主婦になるといった場合2016年末までは個人型に資産移換をし、運用指図者となるのがルールでしたが2017年以降はすべてのケースで加入者（掛金を拠出できる）となることができます。そのため、これまでよりも離転職時の手続きがシンプルで分かりやすくなります。

いずれの場合であっても、個人型に資産移換をする場合、加入者の最低掛金は月5000円以上です。1000

円単位で好きな金額を指定し積立をすることができますし、年に1回は掛金額の変更も可能です。

加入資格を失えば解約できるが…

2017年以降「だれでも」確定拠出年金の加入者となる資格を有するようになるので、ますます解約をして払い戻しを受けられるケースが厳しくなりました。なぜならば、確定拠出年金の払い戻しが受けられるケースは、「加入資格を失う」ことが大前提だからです。

2017年以降加入資格がない人は、国民年金免除者程度になります。所得が一定水準に満たない人ですから一般的には該当しにくいかと思います。それに加え資産残高もかなり低い人のみに限定されていますので、まず解約はできないものと思って、始めるかどうかを考えた方が無難です。過去、東日本大震災のときでさえ、極めて限られたケースでしか払い戻しに応じなかった経緯を考えると、この条件が緩まることは今後もなさそうです。

確定拠出年金の加入資格は20歳から60歳未満の公的年金被保険者となりますから、加入資格を失うのは60歳となります。確定拠出年金はその名前のとおり老後の年金の上乗せなのですが、この「老齢給付」の受け取りは60歳から70歳の間の任意の期間で自由に設定できるようになっています。

受け取り方法は柔軟に選べる

また受け取りの方法は一時金でも良いし、分割で年金払いとしても良いし、一時金と年金払いの併用でも良いとかなり自由度があります（受け取り方の詳細は第8章でお伝えします）。いずれも税制優遇があるので、通常はもっとも有利な税金で受け取りができるように計算をして受け取ります。

老齢給付の他、「死亡給付」と「障害給付」の2つの受け取り方法があります。前者は加入者が亡くなった際に、資産が遺族に支給されますし、後者は障害を負った際の給付です。

このように60歳まで引き出しができないという厳格なルールがあるものの、その他は非常に自由度が高く税制優遇の大きいとても優れた資産形成方法が確定拠出年金なのです。

第2章

老後の備えに確定拠出年金が有効な理由

01

公的年金だけに頼った老後の生活で大丈夫？

厚生労働省は毎年４月に物価との調整を行いながら夫婦２人暮らしの標準的な家庭の年金受給額を発表しています。その発表によると平成28年度の年金額は月22万１５０７円です。年間２６５万８０８４円になります。

この金額をもう少し詳しく見ていくと、夫は会社勤め40年の会社員ＯＢ、妻は20歳から60歳までずっと専業主婦という前提です。夫の会社員時代の平均収入は42・８万円としています。これは賞与を含めた年収を12で割った数字なので、年収５１４万円ということです。この金額は20歳から60歳までの平均年収ですので、多くの会社員の参考となるでしょう。

実際に受け取れる金額は？

会社員は毎月給与から厚生年金保険料が差し引かれますが、会社員の場合、厚生年金に加入すると同時に国民年金にも加入しているのでこの保険料は年金２つ分の合算です。したがって受け取る年金も２つとなります。

先ほどの月22万１５０７円の内訳は、夫の厚生年金が月９万１４９１円、国民年金（基礎年金といいます）が６万５００８円です。妻は国民年金のみの加入ですから、妻が受け取る基礎年金は６万５００８円となります。

2-01 会社員と専業主婦の平均的な年金受給額

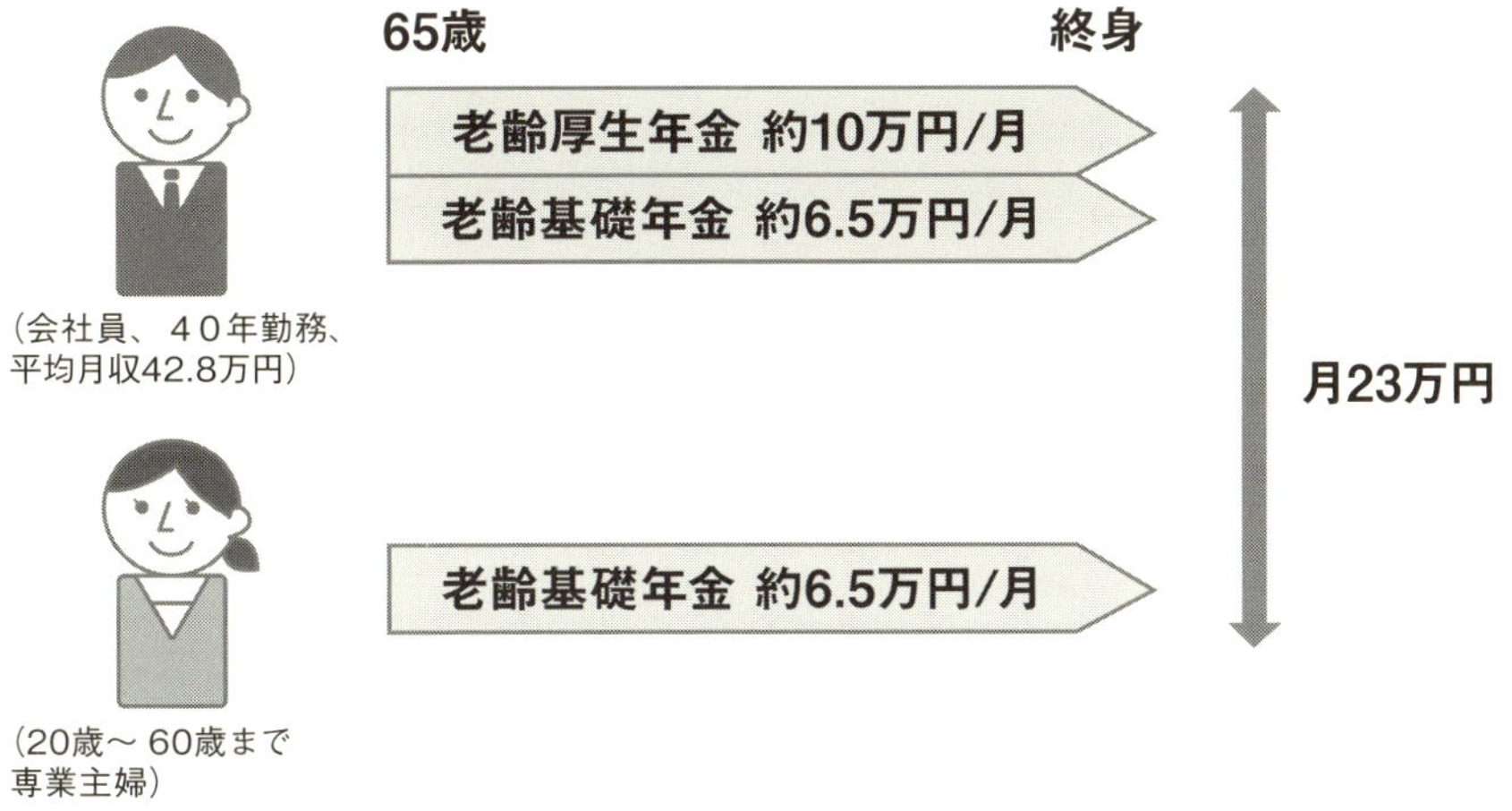
65歳
終身
老齢厚生年金 約10万円/月
老齢基礎年金 約6.5万円/月
（会社員、４０年勤務、
平均月収42.8万円）
月23万円
老齢基礎年金 約6.5万円/月
（20歳～ 60歳まで
専業主婦）

注：平成２８年度時点の受給額
出所：厚生労働省

会社をリタイアすると、厚生年金保険料や雇用保険料は支払わなくても良くなりますし、高齢者世帯の所得税は現役世帯より若干優遇されるので、生活に使えるお金は年金受給額から15％程度減額された約２００万円と見積もることができます。これが年金暮らしのモデル世帯の家計収入です。

でも、モデル世帯と同じ額だけみんなが年金をもらえるわけではありません。年金額は人それぞれですから、自分の場合どうなのかを見積もることが最も大切です。特に厚生年金は報酬比例。現役時代に給与が高ければ、その分老後の年金額が多くなるという極めて単純な仕組みですので、多様な働き方が存在する現代においては、自分の年金履歴をチェックする必要があります。

02

基礎編

ねんきん定期便の見方と老後資金の見積もり方

自分の年金がいつからいくらもらえるのかを確認するには「ねんきん定期便」が便利です。ねんきん定期便には50歳以上の人に送られるものと50歳未満の人に送られるものがあるので、それぞれの見方を解説します。

50歳以上のねんきん定期便の見方

50歳以上の人が受け取るねんきん定期便には、何歳からいくらの年金がもらえるのかを示す「見込み額」が記載されています。会社員であれば50歳時点での給与が60歳まで変わらないことを前提に見込み額が計算されています。そのため、それ以降給与に大きな変動がなければ、その後受け取るねんきん定期便の見込み額に変更はありません。しかし、出向、転職などで給与に変動があれば、翌年のねんきん定期便の見込み額が変わります。また、図版2－02のBに65歳以前の年齢と見込み額が記載されている人は「特別支給の老齢厚生年金」が受給できる人ですから、他の人よりも少し早めに年金が受け取れます。

50歳未満のねんきん定期便の見方

50歳未満のねんきん定期便に記載されている金額は現時点での暫定年金額ですから、今後の働き方により「増やせる」年金額を見積もる必要があります。そのためにはちょっとした

2-02 ねんきん定期便はここだけチェックすればOK（50歳以上）

（※）老齢年金受給要件は今後10年に短縮予定（2017年改正の予定）

|2-03| ねんきん定期便はここだけチェックすればOK（50歳未満）

基礎年金番号	公務員共済の加入者番号	私学共済の加入者番号

※お問い合わせの際は、基礎年金番号をお知らせください。

1．これまでの年金加入期間（老齢年金の受け取りには、原則として３００月以上の受給資格期間が必要です。）

国民年金（a）			船員保険（c）	年金加入期間 合計（未納月数を除く）(a＋b＋c)	合算対象期間等（うち特定期間）(d)	受給資格期間 (a＋b＋c＋d)
第１号被保険者（未納月数を除く）	第３号被保険者	国民年金 計（未納月数を除く）				
月	月	月	月			
厚生年金保険（b）						
一般厚生年金	公務員厚生年金（国家公務員・地方公務員）	私学共済厚生年金（私立学校の教職員）	厚生年金保険 計	月	月（　月）	月
月	月	月	月			

・「第１号被保険者(未納月数を除く)」欄には、この「ねんきん定期便」の作成年月日以降の国民年金保険料の前納期間の月数も含めて表示しています。
・（d）欄には、「国民年金の任意加入期間のうち保険料を納めていない期間（任意加入未納期間）」および「特定期間」の合計月数を表示しています。
この任意加入未納期間の月数は参考であり、年金を請求するときに書類による確認が必要です。

2．これまでの加入実績に応じた年金額と
【参考】これまでの保険料納付額（累計額）

	加入実績に応じた年金額（年額）	保険料納付額（累計額）
（1）国民年金	老齢基礎年金	国民年金保険料（第１号被保険者）
	円	円
（2）厚生年金保険	老齢厚生年金	厚生年金保険料（被保険者負担額）
一般厚生年金被保険者期間	円	円
公務員厚生年金被保険者期間（国家公務員・地方公務員）	円	円
私学共済厚生年金被保険者期間（私立学校の教職員）	円	円
（1）と（2）の合計	円	円

これまでの加入実績に応じた年金額について
・これまでの加入実績（受給資格期間）のみを基に計算した年金額（年額）を表示しています。
・老齢厚生年金額（一般厚生年金）には、厚生年金基金から支給される額（代行部分）も含まれています。
・年金額が表示されていない場合は、年金加入記録に不備がある場合などですので、お近くの年金事務所にお問い合わせください。

【参考】これまでの保険料納付額（累計額）について
・国民年金の保険料納付額は、加入当時の保険料額を基に計算しています。
・厚生年金保険の保険料納付額（被保険者負担額）は、加入当時の標準報酬月額などと保険料率（掛金率）を基に計算しています。
・厚生年金基金の加入期間は、免除保険料（事業主が厚生年金基金に納付する保険料）を除いて計算しています。

上記のほか、この「ねんきん定期便」の表示内容については、日本年金機構のホームページをご覧ください。

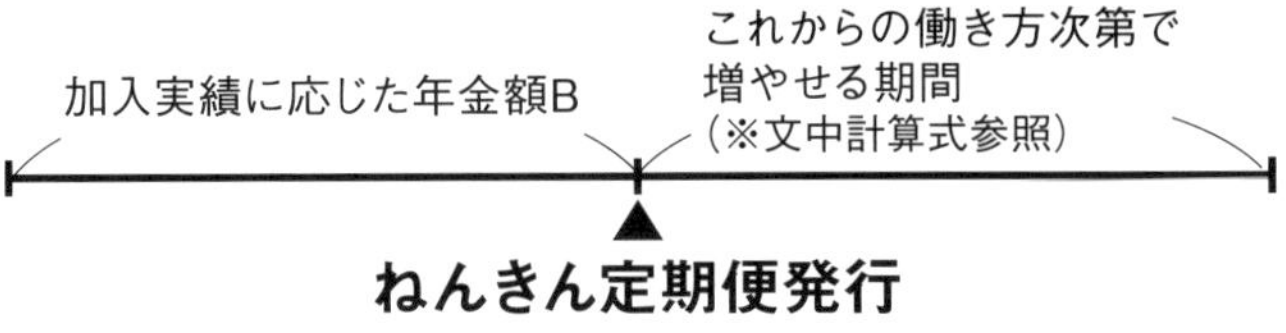

（注）老齢年金受給要件は今後10年に短縮予定（2017年改正の予定）

計算式を覚えておく必要があります。
基礎年金部分（国民年金から支給される老齢年金）は1年加入する毎に約2万円年金額を増やすことができます。したがって今30歳の人であれば60歳まであと30年あるわけですから、2万円×30年＝60万円と今後30年間の年金加入によって、ねんきん定期便に書いてある数字に加算できる金額を見積もることができます。

基礎年金部分の増やせる年金額の公式＝2万円×（60歳－今の年齢）

今後会社勤めを予定している人については、基礎年金の上乗せで厚生年金の加算もあります。この部分は報酬比例と呼ばれているので、今後の年収をベースに計算します。

厚生年金部分の増やせる年金額の公式＝年収見込み額×0.5481％×加入見込み年数
（ただし年収見込み額は740万円が上限）

年収見込み額というのは、少し分かりにくいかと思いますが、30歳の人が60歳になるまでの30年間の平均年収見込み額という意味です。なかなかイメージがわかない場合は、「今の年収」を基にしても構いません。今後見積もった年収より実際の年収が多くなれば、その分将来もらえる年金額が増えるわけですから試算する段階では特に問題はないからです。
例えば現在30歳で、ねんきん定期便のBの数字は24万円。今後60歳まで会社員勤めの予定で、年収見込み額は500万円とすると、次のように計算します。

基礎年金部分の増やせる年金額＝2万円×（60歳－30歳）＝60万円
厚生年金部分の増やせる年金額＝500万円×0.5481％×30年＝82万2150円

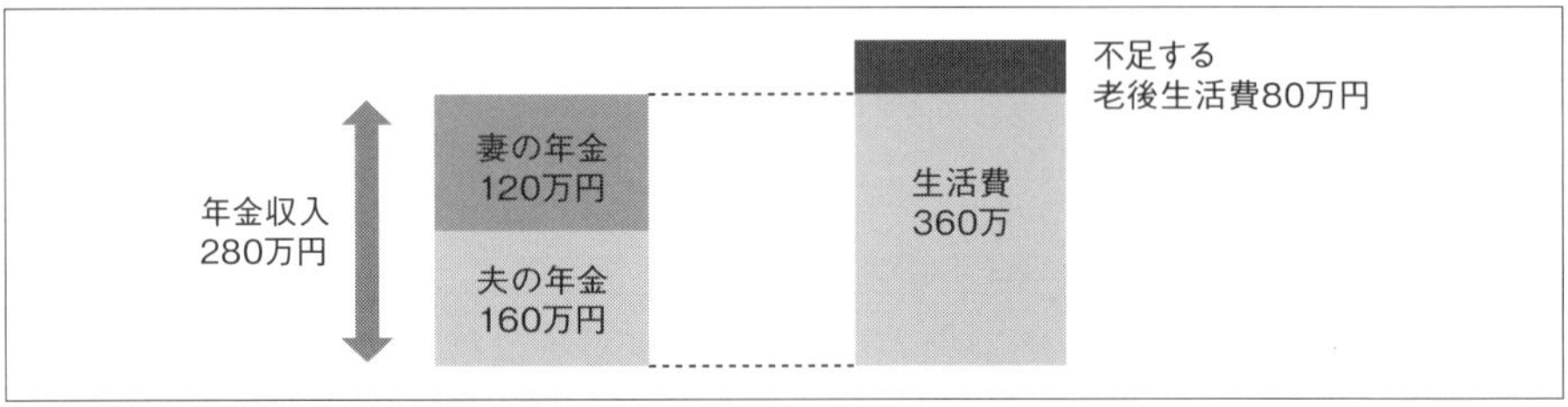

B（24万円）＋60万円＋82万２１５０円＝１６６万２１５０円（※65歳からの年金受給見込み額）

不足分を確定拠出年金で補おう

このようにして見積もった金額を図版２－03のBの額に加算すると、65歳から受け取ることができる年金見込み額が分かります。これらを基に自分の老後の生活をイメージしてみましょう。老後の生活費として公的年金だけで不安なく暮らしていけそうでしょうか？

仮に夫婦共働きで、夫の年金試算が１６０万円、妻の年金試算が１２０万円であれば合計２８０万円が65歳からの年金収入見込み額となります。もし生活費として月30万円、年間３６０万円必要であれば、年金収入との差額80万円が不足となりますから、老後25年間の必要資金は２０００万円となります。

確定拠出年金は、この老後に不足する生活資金２０００万円を作るための特別措置です。国は「税制優遇」という特典をつけ、私たちにみずから「自分年金」を作ってもらおうとしているのです。

03

基礎編

金融機関が売る個人年金保険より確定拠出年金がお得な理由

老後の資産形成に適した金融商品は確定拠出年金だけではありません。通常の銀行預金でも良いですし、ＮＩＳＡ（少額投資非課税制度）を使って投資信託で運用しても構いません。しかしたくさんの選択肢の中で、最も多くの人が使っているのが個人年金保険ではないでしょうか？　保険会社が積極的に販売していますし、銀行の窓口などでもおススメしています。さて、個人年金保険の良いところは何でしょうか？

まずは税制優遇が思い浮かびます。個人年金保険を検討するにあたり「税金が得しますよ」という説明を受けている人も多いと思います。

では、個人年金保険の税制優遇というのは、どの程度得なのか検証してみましょう。

節税効果を知るには、自分が負担している所得税率を知る必要があります。ここでは源泉徴収票から自分の所得税率を知る方法を紹介します。まず、図版２－07のＡ「給与所得控除後の金額」からＢ「所得控除の額の合計額」を差し引き、課税所得を算出します。課税所得を図版２－06にあてはめると、負担する税率の上限が分かります。

個人年金保険の節税額は？

会社員Ａさんの負担する所得税率の上限が10％であったとしましょう。Ａさんが月２万円

| 2-05 | 生命保険料控除の上限

年間の支払保険料等	所得税控除額	年間の支払保険料等	住民税
2万円以下	支払保険料等の全額	1万2,000円以下	支払保険料の金額
2万円超 4万円以下	支払保険料等 × 1/2+1万円	1万2,000円超 3万2,000円以下	支払保険料等× 1/2 ＋ 6,000円
4万円超 8万円以下	支払保険料等 × 1/4+2万円	3万2,000円 超 5万6,000円以下	支払保険料等× 1/4 ＋1万4,000円
8万円超	4万円（上限）	5万6,000円超	2万8,000円（上限）

Aさんのケース

※個人年金保険の保険料は生命保険料控除の対象となりますが、控除額には上限が設けられています

| 2-06 | 課税所得額と所得税率

課税所得額	所得税率
195万円以下	5%
195万円超 330万円以下	10%
330万円超 695万円以下	20%
695万円超 900万円以下	23%
900万円超 1,800万円以下	33%
1,800万円超	40%

※課税所得が200万円であれば、負担する所得税率（上限の部分）が10%となります。

の個人年金保険に加入すると4万円の「生命保険料控除」を受けることが出来ます（図版2－05参照）。

したがって、控除額4万円×10％＝4000円が節税効果となります。また個人年金保険の保険料は住民税の節税にもつながります。住民税の所得割はどこに住んでいても10％ですから、控除額2万8000円×10％で、2800円の節税となります。24万円の積立で合計6800円の税金の還付は約3％相当のリターンですから、やはり税制優遇の効果は大きいといえます。

確定拠出年金の節税額は？

では、確定拠出年金で老後の積立を月2万円にしたらどうでしょうか？　個人年金保険も老後資金、確定拠出年金も老後資金と目的は同じですから節税効果を比較してみましょう。

確定拠出年金の掛金は全額所得控除になります。これはすなわち個人年金保険のように控除額

2-07 源泉徴収票から自分の所得税率を知る方法

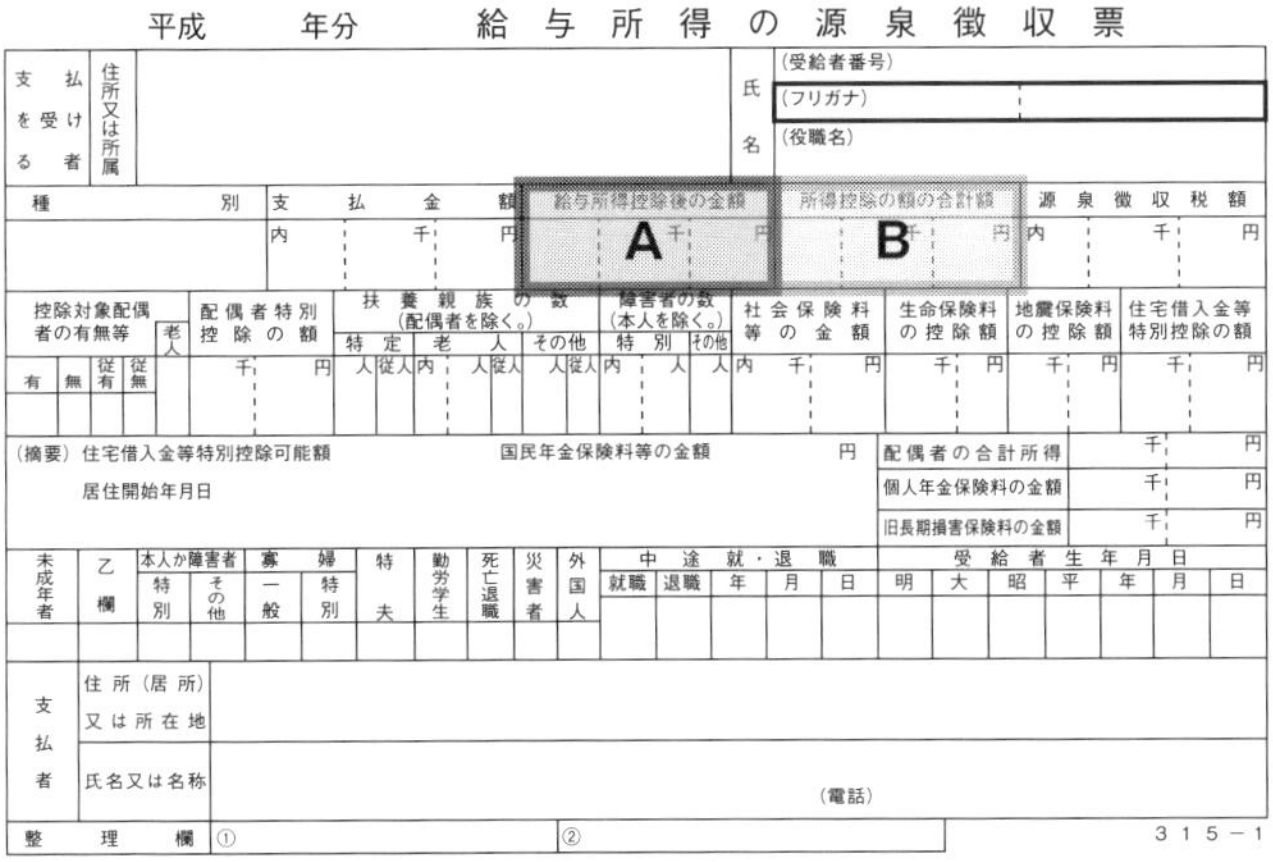

A　　　　　　　　　B

課税所得＝ 給与所得控除後の金額 － 所得控除の額の合計額

注：課税所得がわかったあとの詳細な計算について知りたい人は下記URLを参照
URL：https://wiselife.biz/column/2016/03/6135.html

に上限が設けられないという意味です。年間24万円が全額課税所得から差し引かれるのですから所得税の節税額は2万4000円となります。さらに住民税の節税額も上限なく全額控除ですから、2万4000円、つまり合計4万8000円の節税効果となります。

実際会社員の場合、個人型確定拠出年金の手続きは個人年金保険のように秋口に届く「小規模企業共済等掛金控除」のハガキを会社に持っていけば、そこで年末調整が行われるので税の還付を受けるための手続きに手間もかかりません。

以上が、確定拠出年金が個人年金保険よりお得な理由です。

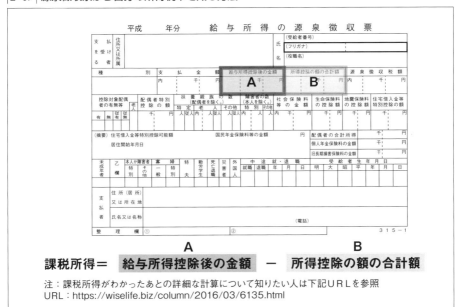

基礎編

04

金融機関が売るＮＩＳＡよりも確定拠出年金がお得な理由

多くの人が老後資金作りのために使っているのが少額投資非課税制度、いわゆるＮＩＳＡです。しかし、確定拠出年金は老後資金作りに限定するとＮＩＳＡよりお得で、使い勝手が良いので解説していきます。

株や投資信託の売却益に税金がかからない

ＮＩＳＡとは、専用の口座を開設しその口座内で得た利益にかかる税金が免除される仕組みです。

ＮＩＳＡ専用の口座は銀行や証券会社で開設します。20歳以上の人であれば１人１口座だれでも開設が可能です。

一度開いた金融機関の口座は１年毎に変更できます。

ＮＩＳＡ口座内では１年に１２０万円までの投資ができます。例えば２０１６年１月にＮＩＳＡ口座でA社の株を１２０万円購入したとします。２０１９年にその株を売却して30万円の利益を得た場合、通常の口座であればそこに対し20％の税金が差し引かれるところ、ＮＩＳＡ口座ではその税金が引かれることなく利益の全額を手に入れることができます。

ただし運用益に対する税金がかからないというメリットを受けられるのは、投資から５年

2-08 老後資金の運用に適しているのはどっち？

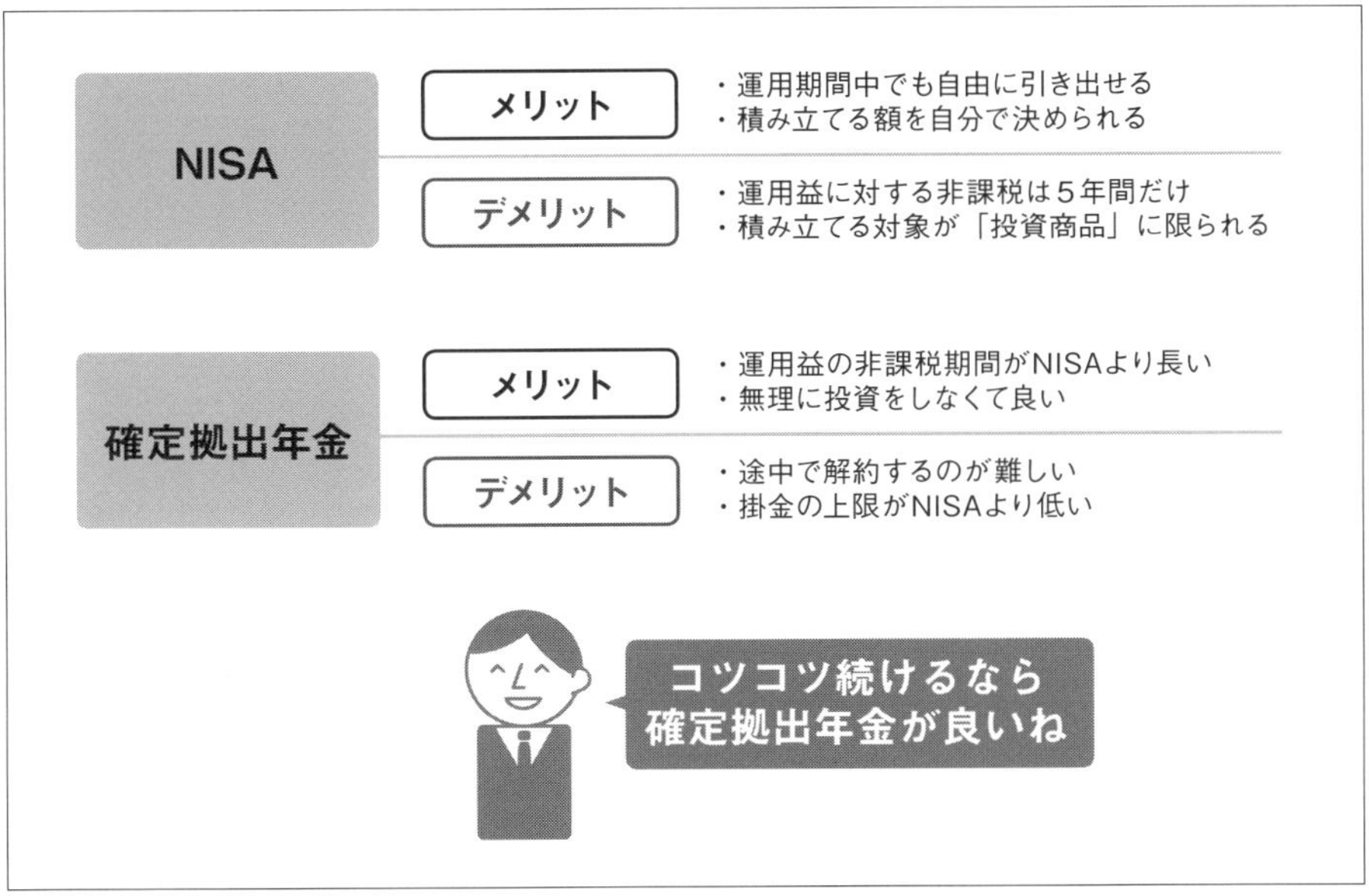
NISA
メリット
・運用期間中でも自由に引き出せる
・積み立てる額を自分で決められる
デメリット
・運用益に対する非課税は５年間だけ
・積み立てる対象が「投資商品」に限られる
確定拠出年金
メリット
・運用益の非課税期間がNISAより長い
・無理に投資をしなくて良い
デメリット
・途中で解約するのが難しい
・掛金の上限がNISAより低い
コツコツ続けるなら
確定拠出年金が良いね

間に限ってだけです。このケースであれば２０２０年12月末までに得た売却益は非課税ですが、それ以降普通口座に移してからの売却益は通常通り課税されます。

運用の柔軟さがＮＩＳＡの強み

年間１２０万円までという枠がありますが、この投資可能な上限まで積立をしても良いし、一括でも良いし、１２０万円の上限まで使っても使わなくても良いとフレシキブルです。

確定拠出年金と比較をすると、ＮＩＳＡは加入資格、投資可能額の設定がとてもシンプルで分かりやすい点はメリットです。また運用期間に関わらず引き出しに対し制約もないことも使いやすい点です。

非課税の期間が5年しかないのがＮＩＳＡの弱み

しかしながら、運用益が非課税であるのが投資から5年間のみというのは確定拠出年金にはないデメリットです。確定拠出年金であれば、60歳までの加入期間（あるいは最長70歳までの運用期間）において全期間運用益は非課税ですので、メリットを享受できる期間がとても長くなります。

ＮＩＳＡでは投資できる対象が株式の個別銘柄であったり、投資信託、ＥＴＦ、ＲＥＩＴといったいわゆる「投資」商品に限られているのも特徴です。例えば、投資に消極的な人の場合、そもそもＮＩＳＡでは希望にあう金融商品がないのです。

メリットを受けられる期間が長いのは確定拠出年金の強み

一方、確定拠出年金は掛金の上限はそれほど高くないというデメリットはありますが、たとえ投資に消極的な人であっても定期預金を選ぶことができ、運用から得た利益はずっと非課税で受けられるというメリットが長く続く点はとても有利です。

やはり老後資金作りでは、確定拠出年金はベストな選択肢と言えるのです。

●ＥＴＦ（上場投資信託）
売買期間が定められている投資信託と違い、証券取引所に投資信託が上場しているので株式などと同じように好きなタイミングでの売買ができる投資信託のことです。

●ＲＥＩＴ（不動産投資信託）
ＥＴＦと同じように好きなタイミングで売買できる投資信託で、その中でも不動産に投資するものです。集めた資金で投資した不動産から得られる賃料や売却益を投資家に分配します。

基礎編

05

確定拠出年金で安全確実に15％の運用益を確保する方法

税制優遇は確定拠出年金が1番

確定拠出年金は個人年金保険やＮＩＳＡよりもお得という点はよく理解できたと思います。ポイントは何よりも「老後資金作り」と限定すればという条件です。

個人年金保険は、将来受け取る年金額が予め決まっているので、契約者は保険料を毎月納めるだけで他に何の心配もいりません（変額年金保険といった、自分で運用をしなければならない年金保険も一部にはあります）。また、損はするけれども、解約して払い戻しを受けることもできます。

またＮＩＳＡは、運用期間が5年間に限定されているという制約はありますが、投資商品をいつ売却しても良いですし、積立に限らずある程度まとまったお金で投資をすることもできます。

それでもやはり確定拠出年金ほど税制優遇が大きい優れた制度はありませんので、老後資金としてしっかりとお金を準備する目的であれば、確定拠出年金は今の日本において最強の制度であることに間違いはありません。

年15％の利回りを得る必勝法!?

とはいえ確定拠出年金は、掛金を積み立てるだけでは終わらず、かならず「運用商品を選ぶ」という作業を行わなければならないという点がハードルになり、これほどの税制優遇がある割にはこれまであまり利用されてきませんでした。

では、「運用」がやっぱりイヤという人のために、確定拠出年金で確実に楽に最低でも15％の運用利回りを得る方法をお伝えします。これさえ理解してもらえれば、何も心配いらないという究極の確定拠出年金必勝法です。

まず確定拠出年金で「運用商品を選ばなければならない」という考えを忘れましょう。確定拠出年金にはかならず「定期預金」あるいは「保険」といった元本確保型商品がありますので、この中でもっとも設定金利が高いものを選ぶだけで結構です。投資信託など見なくても大丈夫です。

この低金利時代においては、元本確保型商品の金利はどれもそれほど差がありません。そう割り切ってしまえば、商品を1つ選びあとは何も考えずただひたすらお金を積み立てればOKです。

確定拠出年金は、掛金を拠出しただけで節税できます。先ほどの例であれば、月2万円の積立で4万8000円の税金キャッシュバックですから、これを20%の運用利回りと考えるとこれほど良い金融商品はありません。所得税率が10%に届かない人であっても最低税率5%ですから、確定拠出年金は住民税合わせて節税15%の安全確実な高利回り商品なのです。

しかも「節税」はだれもが失敗せずに得られる確実な利益ですから、ノーリスクハイリターン。そう思えば、投資商品をあえて選ばずに定期預金や保険商品で確定拠出年金を運用しても悪くはないのです。

年末調整は貯金に回そう

ただしこの場合ひとつだけ注意点があります。想定される節税額分は年末調整を待つことなくあらかじめ貯金しておかないと手元に残らないということです。年末調整でお金が入ったら、普通の人はそのお金を忘年会や年末年始のバーゲンに使ってしまいます。きっと今まででそうであったとすれば確定拠出年金をしたからといって、いきなり年末調整の還付金をそうそう貯金には回せません。

しかし、節税分を貯めずに使っていては、20年後、30年後に60歳になって引き出すお金は元本のみです。若干の利息は付いているでしょうけれど、マイナス金利の時代ですから定期預金などの元本確保型でばかり運用していたら大きなリターンは望めません。今後そう簡単に高金利時代がやってくるとは思えません。もしそうであれば、節税分を予め想定し、その額を別途なくならないよう積立預金などをして確保しておかなければ、節税のメリットも意味をなさなくなります。

確定拠出年金の節税分は、絶対使わずに貯蓄に回す！　これが確定拠出年金で、安全確実に15％の運用益を確保する方法です。仮に月２万円の積立を30年実行したら、節税分の貯蓄だけで１０８万円ものお金を作ることができます。

しかしながら、リスクがあるものは怖いからといって耳をふさいでしまうのは、食べず嫌いと同じでおいしいものとの出会いを自ら断っているようなものかもしれないのです。結論として投資をしないという選択もありですが、やはり少しは投資について学んでみましょう。本誌では、第5章以降で分かりやすく解説します。

第3章

どの金融機関に申し込みをすれば良い？

01

実践編

申し込みをする金融機関選びで注目したい手数料

これまでのところで、確定拠出年金は老後資金作りの手段として最も有利であるということは理解できたと思います。ここからは具体的な始め方をお伝えしていきます。

確定拠出年金は運営管理機関（確定拠出年金の窓口となる金融機関）で申し込みをします。プロセスとしてはとてもシンプルなのですが、残念ながら金融機関ならどこでも良いですよと安易に紹介できないのです。

なぜなら、運営管理機関毎に負担する手数料が異なり、場合によっては、10万円以上も手数料負担が増えることもあるので、やはり慎重に選択した方が良いでしょう。確定拠出年金の手数料はすべて掛金から差し引かれます。つまり手数料が高い運営管理機関で口座を開設すると、結果的に手数料負担分だけ自分の老後の生活資金が減るのです。

手数料の内訳はどうなっている？

ある運営管理機関の情報を基にどのような手数料がかかるのか説明していきましょう。

まず加入にあたり手数料がかかります。これは国民年金基金連合会に支払う手数料で2777円かかります。国民年金基金連合会とは個人型確定拠出年金の取りまとめをする機関です。これとは別に運営管理機関が別途1000円程度請求するところもあります。この

3-01 確定拠出年金（個人型）のイメージ

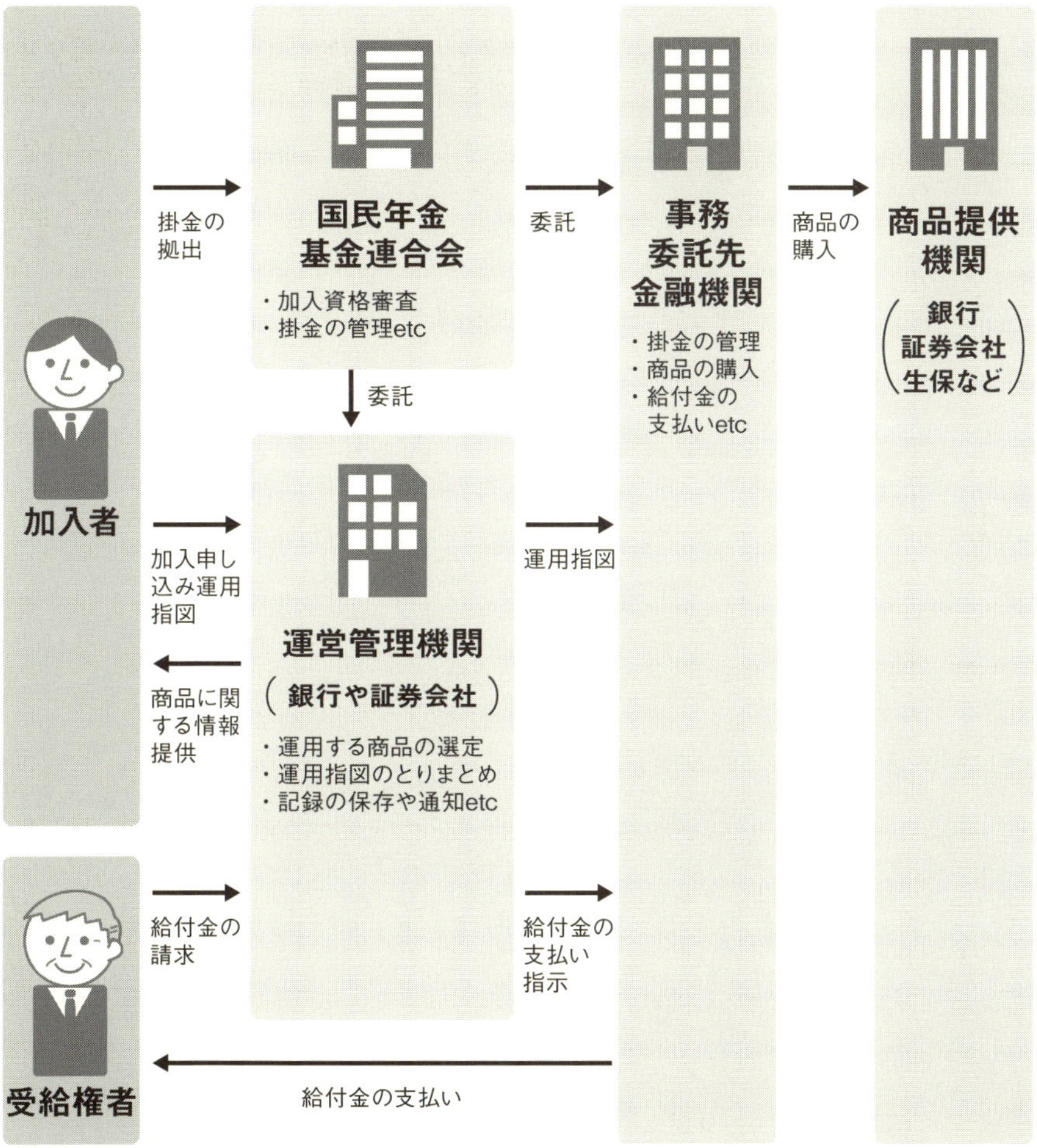

出所：厚生労働省『確定拠出年金制度の概要』
http://www.mhlw.go.jp/stf/seisakunitsuite/bunya/nenkin/nenkin/kyoshutsu/gaiyou.html

手数料は確定拠出年金を始めるときに1回のみの負担で済む運営管理機関もありますが、資産の移換時（転職で資産を別に移すなど）にも請求する運営管理機関もありますから、転職の可能性が高い人は確認しましょう。

毎月かかる費用が口座管理手数料です。掛金を拠出する加入者の場合、国民年金基金連合会への支払う手数料が103円、事務委託先金融機関（お金の管理をする機関）への手数料が64円でこの2つについてはどこの運営管理機関でも共通です。負担する際は別々に支払うのではなく、掛金からまとめて差し引かれます。この他に運営管理機関独自の口座管理手数料がかかります。ここはそれぞれの運営管理機関ごとに異なる費用で、ある運営管理機関は資産残高が一定以上になると0円というところもあれば、月500円程度負担しなければならないところもあります。なお**運用指図者**の場合、毎月の手数料のうち国民年金基金連合会に支払う103円はかかりません。

最大で18万円の差が出る

仮に運営管理機関の口座管理手数料を500円としましょう。個人型確定拠出年金の加入期間を30年とすれば、18万円の差額になりますから、これはかなり大きいコストです。特に個人型に拠出する掛金が少額で、所得がそれほど高くないという人の場合はコスト負けしてしまうこともありますから要注意です。

例えば、年収300万円で所得税率5%の人が、月5000円の掛金で確定拠出年金を始めたとします。年間の積立額は6万円ですから年末調整における税金の還付は3000円で

●**運用指図者**
42ページを参照。

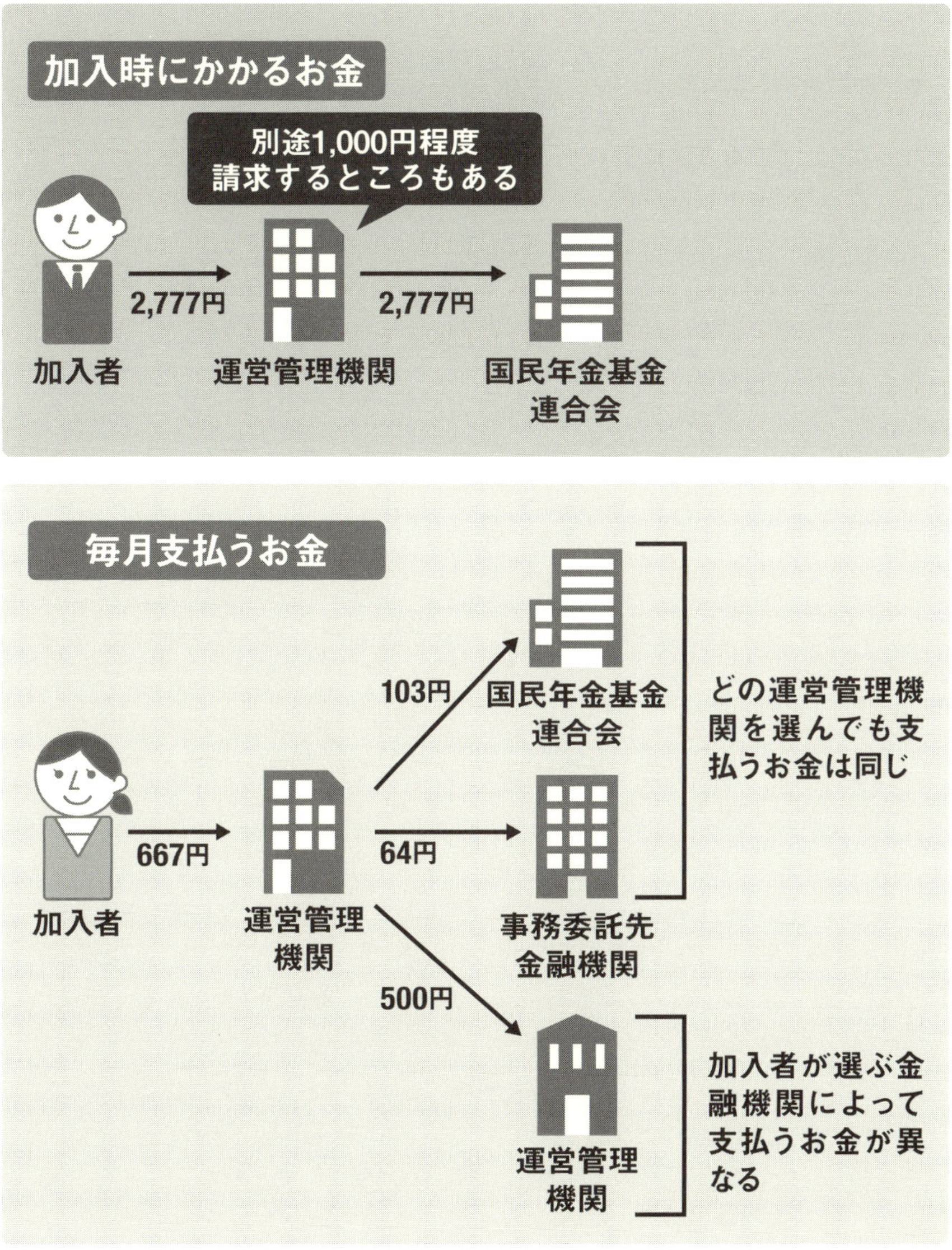
加入時にかかるお金
別途1,000円程度
請求するところもある
2,777円
2,777円
加入者
運営管理機関
国民年金基金
連合会
毎月支払うお金
103円
国民年金基金
連合会
どの運営管理機関を選んでも支払うお金は同じ
667円
64円
加入者
運営管理機関
事務委託先
金融機関
500円
運営管理機関
加入者が選ぶ金融機関によって支払うお金が異なる

3-03 節税効果と負担コストを比較しよう

	節税効果		負担するコスト
初年度	所得税：3,000円（6万円×5%）	＜	加入時：2,777円 口座管理手数料：6,000円 合　計：8,777円
次年度以降	所得税：3,000円 住民税：6,000円（6万円×10%） 合　計：9,000円	＞	口座管理手数料：6,000円

す。つまり加入初年度は加入時の手数料を支払っただけで、税金分のメリットはなくなってしまうことになります。また翌年以降も口座管理手数料が５００円以上もかかってしまうと、年間６０００円以上の手数料はかなり負担が重いということになります。

もちろん住民税の節税効果６０００円も加入後２年目からはメリットとして加わりますからコスト負けということはありませんが、やはりコストは精査したいところです。

もちろん足元での節税メリットの他、受け取り時の退職所得控除として1年加入するごと40万円、加入期間が20年を超えると1年あたり70万円の非課税枠が作れることを考えると、かならずしも毎月の手数料を節税メリットで賄わなければいけないというわけではありませんが、コスト意識をもって自分なりに判断をしたいところです。

02

実践編

運営管理機関を比較検討する一番便利な方法は？

運用するなら信託報酬にも注目しよう

運営管理機関ごとに設定される手数料の違いの他、事前に知りたい点として運用商品のラインナップがあります。両者をあわせ運営管理機関ごとに異なる制度設計をプランと呼びますが、いずれも運営管理機関選びの大切なポイントです。

確定拠出年金のプランでは、かならず定期預金や保険といった「元本確保型商品」が設定されています。こちらの商品については、表立って加入者が負担するコストはありません。また、予定された金利で運用されますので、加入者は受取額を予測することができます。

一方で「元本変動型商品」である投資信託は、その投資先の市場の変動を受けます。さらに投資信託の場合は「**信託報酬**」という日々運用成果から差し引かれる手数料がありますのでここも意識する必要があります。

投資信託での運用については、第5章以降で詳しく述べますが、健全な資産運用のためには少なくとも基本の4資産（日本の株式・日本の債券・世界の株式・世界の債券）に投資ができるだけの投資信託の数が必要です。またその市場の指数に連動するインデックス型があることも必須条件です。中には、投資信託のセット商品である「バランス型」が中心で、投

●**信託報酬**
投資信託を保有している期間中ずっとかかる手数料のこと。資産額に対して年率0・5％～2・0％ほどが一般的です。確定拠出年金においては、信託報酬が割安であることも多いです。

資先の選択肢が少なすぎる運営管理機関もありますので、そのようなところは避けた方が良いでしょう。

さてここまでくると、「コストの他にも運用商品のラインナップ数も見なければならないし、さらに信託報酬まで比較検討しなくてはならないなんて、いったいどうしたら良いのだろう?」と途方にくれる人も出てくるでしょう。面倒臭くて確定拠出年金に加入する意欲も薄れてしまうという人もいるかもしれません。

利用者目線に立った2つの比較サイト

ここで、運営管理機関のプランコスト、運用商品数で比較ができる便利サイトを2つ紹介しましょう。

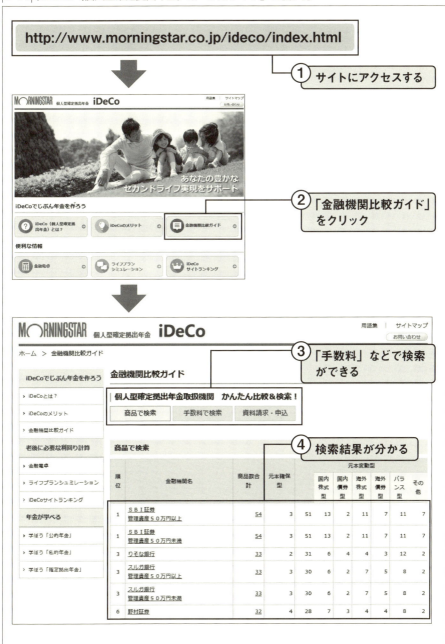

まず、モーニングスターの「iDeCo（個人型確定拠出年金）ポータルサイト」です。63社の運営管理機関における手数料や商品数を検索結果で並べ替えて比較ができるので、分かりやすいです（2016年10月末現在）。一度に複数の運営管理機関に資料請求できるのも便利です。併設されている老後に必要な利回りが計算できる、金融電卓や、ライフプランシミュレーション、そしてiDeCoサイトランキングは、加入後の運用や将来設計にとても参考になります。

もう1つは、NPO法人確定拠出年金教育協会が運営する「個人型確定拠出年金ナビ」です。手数料や商品数を検索結果で並べ替えて比較ができるという点では、モーニングスターのサイトと同じですが、各社の運用商品が「投資対象」「運用スタイル」「信託報酬一覧」に

http://www.morningstar.co.jp/ideco/index.html

① サイトにアクセスする

②「金融機関比較ガイド」をクリック

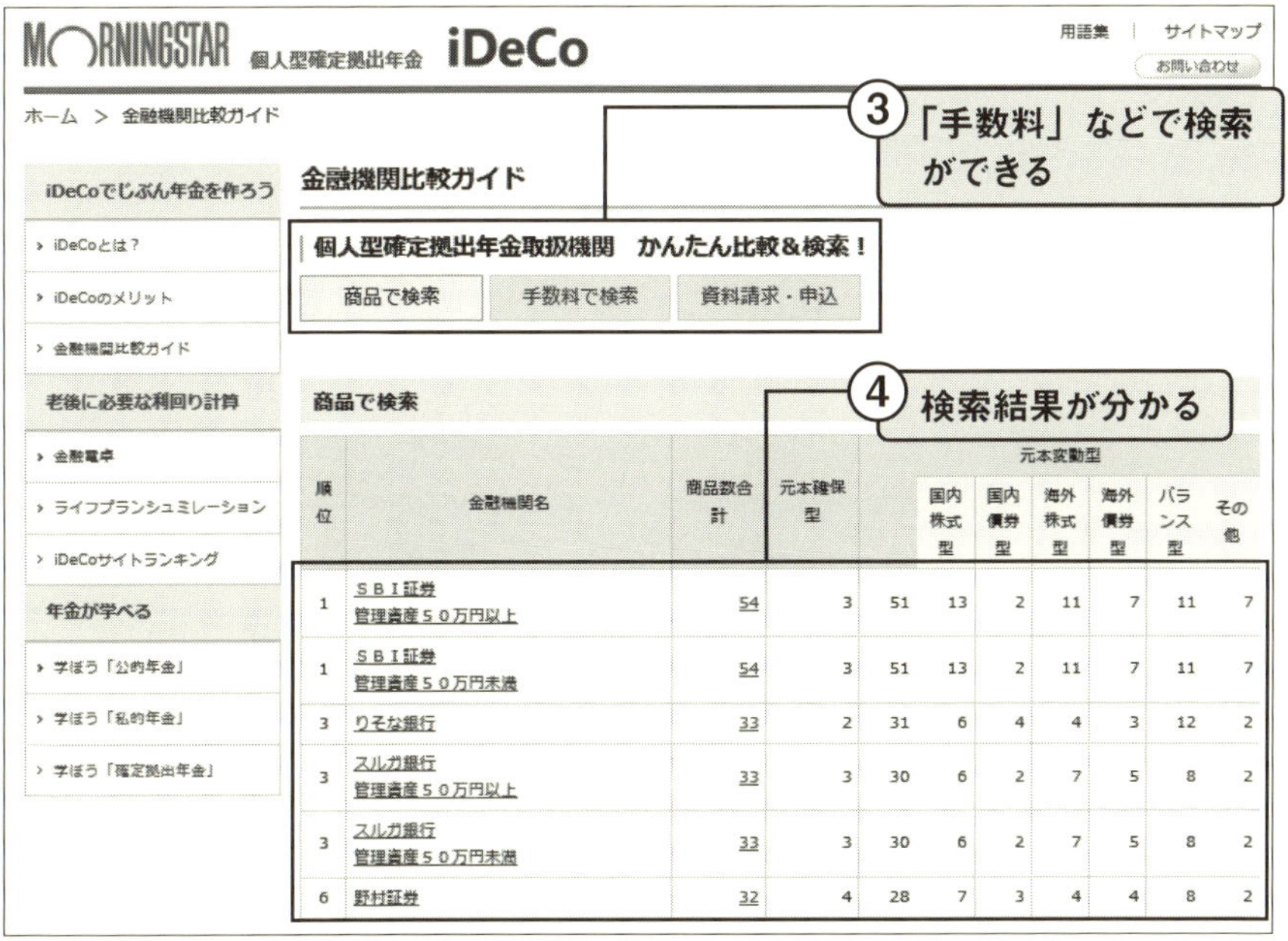

順位	金融機関名	商品数合計	元本確保型	元本変動型	国内株式型	国内債券型	海外株式型	海外債券型	バランス型	その他
1	ＳＢＩ証券 管理資産５０万円以上	54	3	51	13	2	11	7	11	7
1	ＳＢＩ証券 管理資産５０万円未満	54	3	51	13	2	11	7	11	7
3	りそな銀行	33	2	31	6	4	4	3	12	2
3	スルガ銀行 管理資産５０万円以上	33	3	30	6	2	7	5	8	2
3	スルガ銀行 管理資産５０万円未満	33	3	30	6	2	7	5	8	2
6	野村証券	32	4	28	7	3	4	4	8	2

③「手数料」などで検索ができる

④ 検索結果が分かる

3-05「個人型確定拠出年金ナビ」の使い方

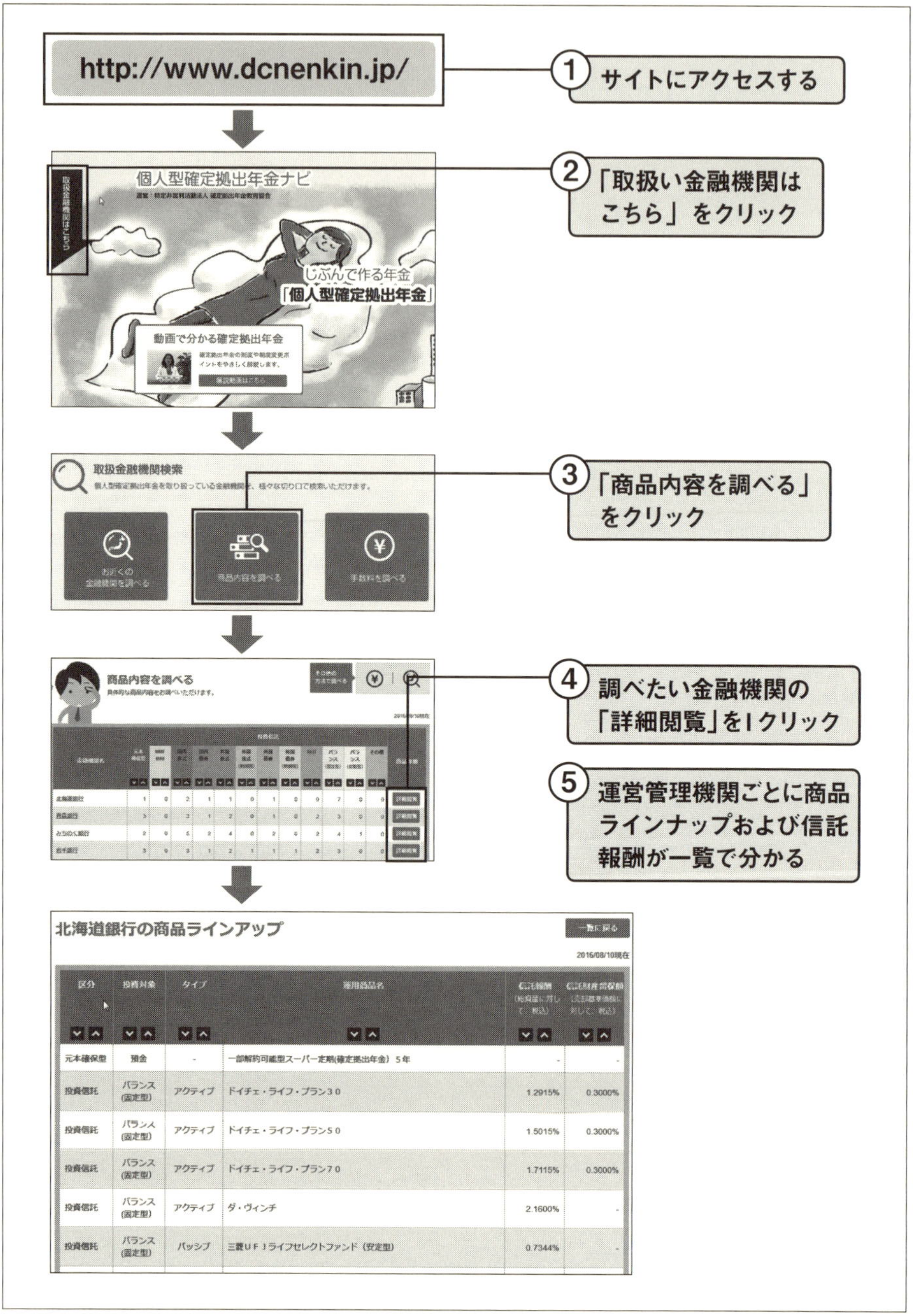

なっている点はとても評価できます。現在66社を掲載しています（2016年8月末現在）。

個人型確定拠出年金を取り扱う運営管理機関は、両サイトで掲載している数より多く存在します。NPO法人確定拠出年金教育協会のサイトによると、コストや運用商品数に関わる情報が非公開情報にあたると回答し、掲載を許可していないところもあるようです。老後の資産残高に直接的に関わることについて、積極的な情報公開の姿勢をとることは運営管理機関としては当たり前だと考えると、こういうサイトへの情報提供に協力する運営管理機関から選ぶべきではないかとも考えます。

いずれにしても、この2つのサイトはいずれも甲乙つけがたいほど加入者目線にたって情報公開がされているので、加入前にはぜひチェックしましょう。

03 運営管理機関を選ぶ具体的なステップ

まず、73~74ページで解説したサイトにアクセスして、月々の口座管理手数料が低い運営管理機関を3社ほどピックアップし、資料請求してみましょう。その際、各社のホームページの使い勝手もぜひチェックしてみてください。特に個人型の場合、自らが動かないと情報が得られないという弱点があります。そのため運営管理機関がその役割を担って資産形成についての情報提供をしてくれる姿勢があるのか、参考となるような情報発信をしてくれるのかも今後の長い付き合いを考えると重要な要素です。

運用管理機関を変えるのは大変

資料請求の際に送られてくる資料が分かりやすいというのも大事です。繰り返しになりますが、個人型の場合、書類1枚を提出するにも初めて聞く言葉が羅列されていると、だれでもやる気をそがれるものです。そのあたりの顧客目線にたって積極的にサービスを提供しようとしている姿勢があるかどうかは大事でしょう。

加入後に確定拠出年金の運営管理機関を変更するのは少し大変です。できないこともないのですが、その際は一旦保有している金融商品をすべて売却し、確定拠出年金の資産を次の運営管理機関に移換しやすいようにキャッシュとする必要があります。当然投資をしている

❶ 口座管理手数料が安い
➡長期間運用すると少ない差でも無視できない額になる

❷ 資料が分かりやすい
➡ホームページの使い勝手はどうか？
➡送られてくる資料は分かりやすいか？

❸「一時払い」と「年金払い」の併用ができるか
➡税制優遇を最大限できるかどうかのポイントになる

わけですから、タイミングによっては売却したくない時期もあるでしょう。確定拠出年金の運営管理機関の変更はタイミングを計るというのが難しいのです。

また手続きにも2~3カ月程度はかかります。その間は掛金を拠出することもできなくなりますし、投資商品からキャッシュにしてしまった資金はそのままの状態で運用もされず眠っていることになりますから、資産形成のチャンスを失うことになります。

このように確定拠出年金の運営管理機関を変更するのは大変な手続きなので、できれば長く付き合える良い運営管理機関を選びたいのです。

鍵となるのは退職所得控除

最後に、資料の比較だけではなかなか分からないチェックポイントを1つお伝えします。それは受け取りの際に「一時払いと年金払いの併用ができるかどうか」という点です。特に60歳までの運用期間において資産が退職所得控除を上回るような人は、ぜひコールセンターに聞いてみてください。

法律では確定拠出年金の受け取りは「一時払い」「年金払い」「一時払いと年金払いの併用」の3種類を選ぶことができるようになっているのですが、商品構成上併用ができないとしている運営管理機関もあります。

現在確定拠出年金の受け取り方はほとんどの人が一時払いを選択するといわれています。なぜならば退職所得控除を使って受け取った方が税制優遇が大きいからです。しかし、同年に会社からの退職一時金もあるような場合だと、退職所得控除の枠よりも退職一時金と確定拠出年金の資産を合わせた額が大きくなる場合もあります。そのような場合、できる限り退職所得控除を使い、使いきれなかった部分を公的年金控除を使って年金払いで受ける併用がメリットとなります。

例えば加入期間30年であれば、受け取りの際の退職所得控除は1500万円です。毎月2万3000円を30年積み立てても元本は828万円ですから、かなりの運用益が加味されないと退職所得控除の枠を超えることはありません。しかし確定拠出年金の資産残高の他に退職金が1000万円加わり、会社の勤続年数も30年で受け取りが同じ年であったら、退職所得控除よりも受け取り額が大きくなり所得税の支払いが発生してしまいます。

金額によって変わりますが、退職所得控除額を超えた分については年金払いにして公的年

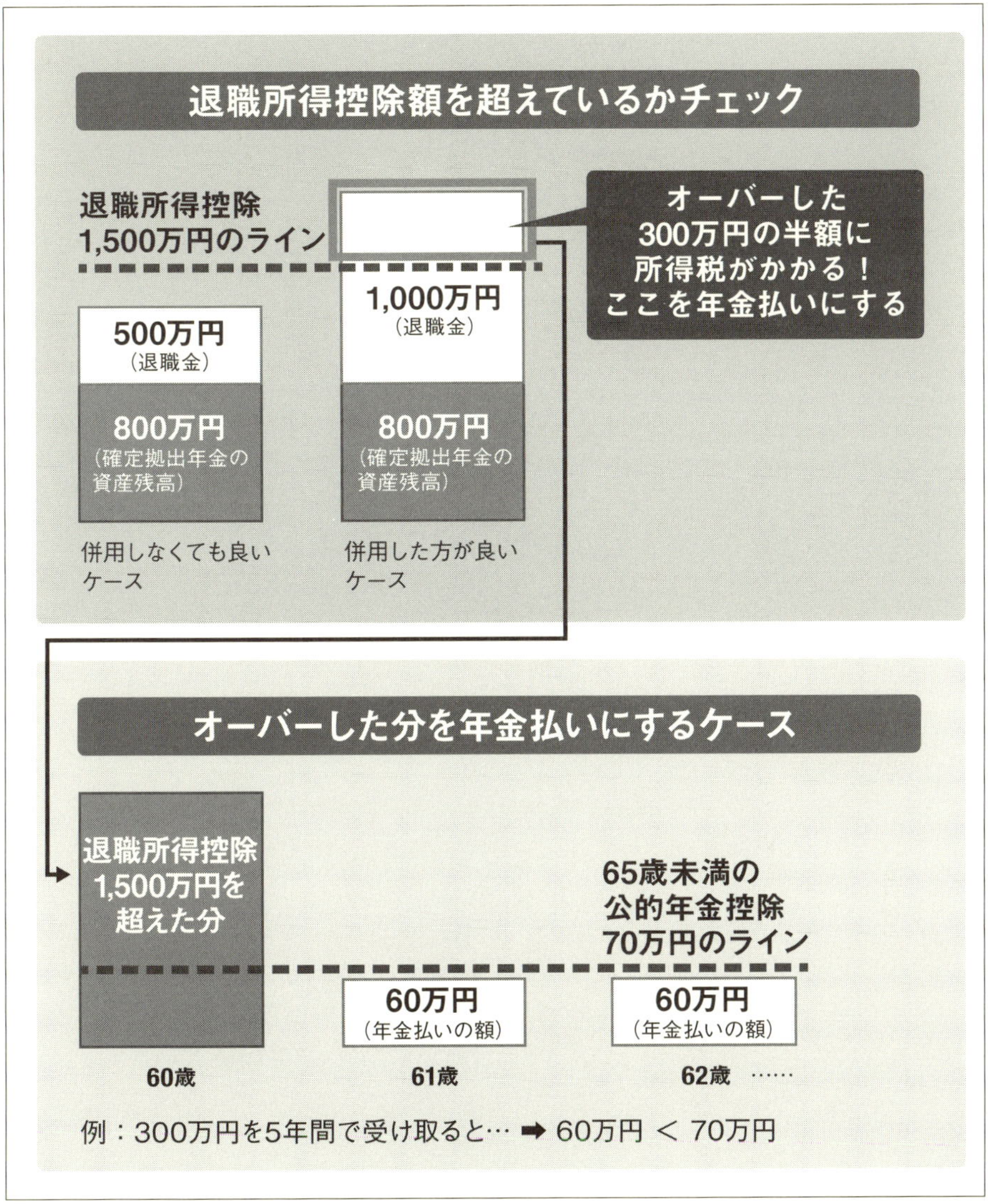
退職所得控除額を超えているかチェック
退職所得控除
1,500万円のライン
オーバーした
300万円の半額に
所得税がかかる！
ここを年金払いにする
500万円
（退職金）
800万円
（確定拠出年金の
資産残高）
併用しなくても良い
ケース
1,000万円
（退職金）
800万円
（確定拠出年金の
資産残高）
併用した方が良い
ケース
オーバーした分を年金払いにするケース
退職所得控除
1,500万円を
超えた分
65歳未満の
公的年金控除
70万円のライン
60万円
（年金払いの額）
60万円
（年金払いの額）
60歳
61歳
62歳 ……
例：300万円を5年間で受け取ると… ➡ 60万円 < 70万円

金控除の適用を受けた方がメリットがある場合もあるのです。

「併用」ができない運営管理機関もある

企業型であれば、退職一時金あるいは厚生年金基金からの資金からの受取額が、合算により大きくなることが想定されるので「併用」は当たり前なのですが、個人型の場合、運営管理機関が併用の仕組みを作っていないところもあります。この情報は送付された資料だけでは判断がつかないケースもありますので、該当しそうな場合は運営管理機関に問い合わせをすると良いでしょう。

最近では、個人型確定拠出年金の運営管理機関に新規参入する金融機関もあります。当然後発であるからこその魅力的なプランを提供してくるでしょうから、新規参入の運営管理機関についても資料請求をしてみるのも良いでしょう。

実践編

04 運営管理機関によって具体的にどの程度の違いがあるの？

では、実際に4つの運営管理機関が手数料、運用商品、資料の情報量の3点においてどの程度の違いがあるのか見ていきたいと思います。銀行、証券会社、ネット証券、保険会社の4社で比べてみます。

比較する上で気をつけるべきポイント

次ページ以降にある図は、ごく一部の運営管理機関の比較ですが、口座管理手数料、商品数にも大分違いがあります。また制度全般や資産形成に対する情報についても、冊子が送られるところとWEBからダウンロードするところなど、その姿勢も様々です。そのため、資料請求は複数の運営管理機関に行い、自分の目で比較検討をすることをおススメします。

残念なことにすでに個人型確定拠出年金に加入している人の中には、運営管理機関によってこれほどまでコストやプランに違いがあることを知らずにいる人が大勢います。

特に企業型から個人型に移るケースだと、退職時に会社からそれまでの企業型と同じ運営管理機関の個人型へ、資産の移換を促すような内容の資料を渡されることが多いので、何も考えずにそのまま手続きをすることも多いのです。場合によっては、加入後であっても運営管理機関を変更することでメリットが得られる場合もあるので、参考にしてください。

79　第3章　どの金融機関に申し込みをすれば良い？

A銀行

口座開設手数料	2,777円
月々の口座管理手数料	483円
資産移換時の手数料	0円
元本確保型商品数	2
元本変動型商品数	31
（内訳）日本の株式に投資をする投資信託数	6
日本の債券に投資をする投資信託数	4
外国の株式に投資をする投資信託数	3
外国の債券に投資をする投資信託数	2
バランス型投資信託	12
その他の投資信託	4
配布資料の内容	・オールカラーのプランご案内と投資の手引きはとても分かりやすい ・提出書類についても、記入しやすいようにお手本などがあり親切な印象 ・運用商品の過去の実績はＷＥＢ掲載

手数料や
商品数は
平均的

B証券会社

口座開設手数料	2,777円
月々の口座管理手数料	509円
資産移換時の手数料	0円
元本確保型商品数	4
元本変動型商品数	28
（内訳）日本の株式に投資をする投資信託数	7
日本の債券に投資をする投資信託数	2
外国の株式に投資をする投資信託数	3
外国の債券に投資をする投資信託数	3
バランス型投資信託	8
その他の投資信託	5
配布資料の内容	・冊子が分かれていて、読みやすい反面少し分かりにくい ・情報量は多い ・運用商品の実績は簡易情報のみ配布

口座管理
手数料は
4社で1番高い

C証券会社

口座開設手数料	3,857円
月々の口座管理手数料	167円(資産残高５０万円以上)
資産移換時の手数料	4,320円
元本確保型商品数	3
元本変動型商品数	45
（内訳）日本の株式に投資をする投資信託数	10
日本の債券に投資をする投資信託数	2
外国の株式に投資をする投資信託数	7
外国の債券に投資をする投資信託数	5
バランス型投資信託	11
その他の投資信託	10
配布資料の内容	・プランの説明のみカラーの冊子 ・運用商品概要、過去の実績については冊子で配布されるため、手元で比較できるのは良い ・提出書類のガイドは素っ気ない

口座管理手数料は
最も安いが、
資産移換時の
手数料がかかる

D保険会社

口座開設手数料	2,777円
月々の口座管理手数料	491円
資産移換時の手数料	0円
元本確保型商品数	1
元本変動型商品数	19
（内訳）日本の株式に投資をする投資信託数	3
日本の債券に投資をする投資信託数	3
外国の株式に投資をする投資信託数	2
外国の債券に投資をする投資信託数	1
バランス型投資信託	6
その他の投資信託	4
配布資料の内容	・情報量が多くフルカラーの冊子で分かりやすい ・商品概要及び過去の実績も冊子で配布 ・提出書類については工夫されている印象

商品数が4社で
一番少ない

第4章

個人型確定拠出年金の書類の書き方を知ろう

01 実践編

会社員が新規加入する場合の必要書類の記入例

本章ではSBI証券の書類に沿って説明しますが、他の金融機関でもほぼ同じフォーマットになっていると理解してください。

会社員で個人型確定拠出年金に新規加入する場合、以下①から④の書類を提出します（2017年より加入資格を得る公務員も原則同じフォーマットの書類になるという前提で説明します）。①「個人型年金加入申出書（第2号被保険者用）」②「確認書」③「事業所登録申請書兼第2号加入者に係る事業主の証明書」「④本人確認書類（免許証コピーなど）」。①、②、④は本人が記入しますが、③は会社に記入を依頼します。

①個人型年金加入申出書（第2号被保険者用）の書き方

図版4－01の記入例を見ながら次の内容を確認してください。

A：基礎年金番号は年金手帳で確認します。年金手帳を会社で保管している場合ですが、2016年以降に発送されるねんきん定期便には基礎年金番号は記載されているので、参照可能です。

①

国民年金基金連合会

個人型年金加入申出書（第2号被保険者用）

事務処理センター用　拠

1枚目

届書コード　01011

●記入にあたっての留意点

1. この申出書は、60歳未満の厚生年金適用事業所に勤める「第2号被保険者」用の掛金を拠出するための申出書です。
2. 企業型確定拠出年金、共済年金制度および企業年金等(厚生年金基金、確定給付企業年金および石炭鉱業年金基金)の対象者や第3号被保険者の方は、加入できません。
3. 必ず、押印してください。訂正は、訂正部分を二重線で抹消し、訂正印(掛金引落口座情報については金融機関届出印)を押してください。
4. 企業型確定拠出年金で障害給付金を受給している方が、個人型年金で障害給付金の受給を希望する場合、個人型年金に移換して、改めて裁定請求を行ってください。
5. 既に個人型年金の運用指図者である方が、現在利用中の運営管理機関と異なる機関を、この申出書で指定する場合、「加入者等運営管理機関変更届」をあわせて提出してください(運営管理機関の複数指定は不可)。
6. この申出書の提出には、「事業所登録申請書 兼 第2号加入者に係る事業主証明書」の添付が必須です。

太枠内のすべての項目について記入してください(選択肢は、数字の場合は○印を、□の場合はレ点を記入してください)。

私は、「加入・移換にあたっての確認事項」を受領し、その内容を確認したうえで、個人型年金への加入を申し出ます。

A

基礎年金番号	申出者氏名	生年月日	性別
1234−567890	フリガナ ショウエイ タロウ 翔泳 太郎 (翔泳)	(5:昭和) 7:平成　55年××月××日	(1:男) 2:女

住所	
フリガナ	トウキョウト シンジュクク
〒×××-××××	連絡先電話番号(000 − 0000 − 0000)　市区町村コード
	東京都新宿区 ×××

B

●注意:「掛金引落口座情報」欄の記入と金融機関届出印の押印については、「掛金の納付方法」欄の説明にしたがい対応してください。

掛金の納付方法

- 1:事業主払込 → (1)事業所内において、「事業主払込」の加入者は今回が初めてまたは注1の(ア)(イ)に該当する場合 ⟶ 次の2つについて、記入・押印を事業主に依頼してください。①掛金引落口座情報　②金融機関届出印(2枚目)
- → (2)事業所内において、「事業主払込」の加入者が既にいる、且つ注1の(ウ)に該当する場合 ⟶「掛金引落口座情報」欄の記入・押印は不要です。
- (2:)個人払込 → 加入者個人の掛金引落口座情報と金融機関届出印(2枚目)を記入・押印してください。

C

掛金引落口座情報

(1) ゆうちょ銀行以外の金融機関	金融機関コード　金融機関名：○× 銀行 支店コード　支店名：本店 預金種別：1:(普通) 2:当座　口座番号：1234567	口座名義人(個人払込の場合、本人名義に限定・屋号付きは不可) フリガナ ショウエイ タロウ 翔泳 太郎 口座情報で記入する数字は、すべて右詰めで記入してください)
2 ゆうちょ銀行	種目コード 166　契約種別コード 30　通帳記号　の　通帳番号	

金融機関届出印：2枚目に金融機関届出印を押印してください。

毎月の掛金額：23000円　最低金額 5,000円　最高金額 23,000円

D

現在のお勤め先(事業所の情報)	登録事業所番号(注2)	登録事業所名称
		フリガナ カ) ショウエイシュッパン (株) 翔泳出版

E

企業型確定拠出年金の加入履歴	
□ 加入していた	→ 企業型確定拠出年金で積み立てた個人別管理資産(年金資産)がある場合、または同資産の金額がゼロで通算していない加入者等期間がある場合、「個人別管理資産移換依頼書」をあわせて提出してください。
☑ 加入していない	

(注1) 直近12ケ月以内に引落し実績の有無について　(ア)無しの場合　(イ)不明の場合　(ウ)有りの場合

(注2) 国民年金基金連合会に登録されている「登録事業所番号」及び「登録事業所名称」は勤務先にお尋ねください。なお、勤務先が「事業所登録」を行っていない場合や勤務先に「登録事業所番号」を尋ねても不明な場合、「登録事業所番号」は空欄でも構いません。

受付金融機関および事務処理センター使用欄

受付金融機関	0988	(株)SBI証券
運用関連運営管理機関	000002 23	(株)SBI証券
記録関連運営管理機関	000001 15	SBIベネフィット・システムズ(株)

各種届書・添付書類	受付金融機関確認		事セ確認
預金口座振替依頼書	□ あり	□ なし	□
加入者等運営管理機関変更届	□ あり	□ なし	□
個人別管理資産移換依頼書	□ あり	□ なし	□
事業所登録申請書 兼 第2号加入者に係る事業主証明書	□ あり	□ なし	□

受付金融機関　7:平成　年　月　日	事務処理センター

K002(27.01)

B：「事業主払込」は、掛金が給与天引きされ、会社の口座から引き落としになります。勤務先に個人型加入者がいて、常に給与天引きしているという事業所以外では、通常「個人払込」とすることが多いです。個人払込であっても特に問題はありませんが、2018年以降、小規模事業主掛金納付制度が実施されるときは事業主払込への変更が必要になる可能性があります（第8章参照）。

C：ネット銀行および外国銀行は利用できません。

D：登録事業所番号は会社に確認します。会社が未登録あるいは分からない場合は空欄で可。

E：過去、企業型確定拠出年金に加入していた人はチェックします。その場合「個人別管理資産移換依頼書」が別途必要になります。

③事業所登録申請書 兼 第2号加入者に係る事業主の証明書の書き方

図版4－02の記載例を見ながら次の文を確認してください。

個人型確定拠出年金は任意加入なので会社への届け出は不要と思われがちなのですが、会社員の場合、会社から1枚書類をもらわなければなりません。これは会社員の場合、会社の企業年金の有無などにより掛金上限が決まっていて、国民年金基金連合会（取りまとめをしている機関）ではそれらを確認する必要があるからです。

これは、会社の人事や総務の人に書いてもらう書類です。会社の担当者にとっても初めて見る書類であることも多いので、その場合は、次のことを伝えてください。

③ 事業所登録申請書 兼 第2号加入者に係る事業主の証明書 （事務処理センター用）

国民年金基金連合会　　1枚目

届書コード	13062

●記入にあたっての留意点

1. この書類は、個人型年金の加入者資格を証明するための重要な書類です。
2. 項目1は申出者が、項目2以降は事業主が記入（該当する□にはレ点）してください。なお、訂正は、訂正部分を二重線で抹消し、訂正者に応じた訂正印を押してください。
3. 4枚目は事業主の控えで、事業主にご協力いただく事項、掛金の所得控除および問い合わせ先等を記載しています。
4. 「事業主払込」を初めて実施する場合、事業主は「個人型年金加入申出書（第2号被保険者用）」で、次の手続きを行ってください。
・掛金引落口座情報の記入と預金口座振替依頼書の作成
5. 項目5～7の文末に★印がある選…加入者資格がありませんので、その…いただき、署名・押印なしで返却してく…

いずれかをチェック

1. 申出者の情報（事業主払込の場合、掛金額も記入してください）

基礎年金番号	証明を受ける申出者氏名	希望する掛金納付方法と掛金額（事業主払込のみ）	
1234－567890	翔泳 太郎 （翔泳）	□ 事業主払込→ ☑ 個人払込	毎月の掛金額 23,000円（千 円）

2. 事業主の署名および押印等

F

カナ名称	カブシキガイシャショウエイシュッパン
郵便番号	×××－△△△△

申出者について、以下の5.～9.のとおり証明し、「事業所登録」がない場合、この証明書の内容で登録を申請します。

証明日　平成○○年××月△△日

連絡先電話番号（　03 －×××－△△△△）

（株）翔泳出版　（翔泳出版）

（個人事業主の方の場合、事業主の住所および氏名を記入）

3. 申出者を使用している厚生年金適用事業所の住所・名称等

カナ名称			
郵便番号		TEL	

（「事業主」と「厚生年金適用事業所」が同一の場合、記入不要）

市区町村コード　　企業名称区分

G

4. 連合会への「事業所登録」の有無等（複数回答可）

□「事業主払込」で登録済 →	事業主払込用 登録事業所番号	
□「個人払込」で登録済 →	個人払込用 登録事業所番号	12345678
☑ いずれの登録もない　□ わからない		「事業所番号」が不明な場合、空欄でもかまいません。

H

5. 申出者は、60歳未満の厚生年金保険の被保険者（※）であることに相違ありません。　☑ はい　□ いいえ★

（※）国家公務員共済組合、地方公務員等共済組合の長期組合員及び私立学校教職員共済制度の長期加入者は除く。

6. 企業型確定拠出年金制度の有無と申出者の加入状況

- □ 制度はある
  - □ 申出者は加入者である★
  - □ 申出者は加入者ではない
    - □ 申出者は、現在、一定の勤続年数または年齢に達していないので加入できない★
    - □ 申出者は加入者資格を有したが、加入を選択しなかった★
    - □ 申出者は、上記のいずれにも該当しない（加入対象職種ではない等）
- ☑ 制度はない

7. 申出者は、企業年金等（厚生年金基金、確定給付企業年金および石炭鉱業年金基金）の加入員または加入者ではありません。　☑ はい　□ いいえ、加入員（者）です★

I

8. 申出者の掛金納付方法（(3)に該当する場合、「事業主払込」が困難な理由を、①または②で選択（記入）してください。）

□ (1) 申出者が希望しているため、「事業主払込」とする
☑ (2) 申出者が希望しているため、「個人払込」とする
□ (3) 申出者は「事業主払込」を希望しているが、「個人払込」とする →「事業主払込」が困難な理由
　□ ①「事業主払込」を行う体制が整っていないため
　□ ②その他（　　　）
□ (4) 申出者は「個人払込」を希望しているが、「事業主払込」とする

掛金納付方法　1：事業主払込　2：個人払込

J

9. 下表の「退職手当等制度の種類」について、申出者が"現時点で資格を有する場合のみ"「資格取得年月日」を記入してください。

資格取得年月日	退職手当等制度の種類	同制度の実施主体	同制度の根拠法令等
(昭和)・平成 ○○年××月△△日	① 事業所で実施している退職手当等	事業主	所得税法第30条
昭和・平成　年　月　日	② 中退共（中小企業退職金共済） 建退共（建設業退職金共済） 清退共（清酒製造業退職金共済） 林退共（林業退職金共済）	独立行政法人勤労者退職金共済機構	中小企業退職金共済法
昭和・平成　年　月　日	③ 特退共（特定退職金共済契約）	特定退職金共済団体（例）商工会議所	所得税法施行令第73条第1項第1号
昭和・平成　年　月　日	④ 社会福祉施設職員等退職手当共済	独立行政法人福祉医療機構	社会福祉施設職員等退職手当共済法
昭和・平成　年　月　日	⑤ 外国の法令に基づく保険又は共済（退職を理由に支払われるもの）	外国保険業者等	所得税法施行令第72条第3項第8号

受付金融機関および事務処理センター使用欄

運用関連運営管理機関	（株）SBI証券
記録関連運営管理機関	SBIベネフィット・システムズ（株）

採番する掛金の納付方法	採番した登録事業所番号
□ 事業主払込で採番 □ 個人払込で採番	

受付金融機関　7：平成　年　月　日　　事務処理センター

K101(27.10)道

個人型確定拠出年金の加入希望者がいる場合、国民年金基金連合会に事業所登録をしなければなりません。会社に個人型確定拠出年金の加入者がこれまでいない場合、この用紙を提出することにより「事業所登録」の申請ができます。

F：厚生年金適用事業所の住所などを記入します。

G：国民年金基金連合会への事業所登録が済んでいる場合は、それにならい登録事業所番号を記載します。事業主払込または個人払込にチェックをします。登録がない場合は、この書類でもって新規登録申請します。分からない場合は国民年金基金連合会が確認しますので、「分からない」をチェックします。

H：企業型確定拠出年金制度による加入希望者の状況を記入します。★に該当する場合、その人は個人型への加入資格がありません。

I：会社員の個人型掛金は事業主払込でも個人払込でも構いません。

事業主払込を選択すると、給与天引きとなり毎月の源泉徴収の計算も調整しなければなりません。個人型加入者が複数いて利用している運営管理機関も別々だと、社員の掛金の引き落としも煩雑になります。ただし、年末調整の手続きは不要です。

一方個人払込は、この「事業主の証明書」だけを加入者が金融機関に提出すれば加入者の指定口座から掛金が引き落とされ手間がかかりません。その代わり年末調整で社員が「小規模企業共済等掛金控除」の証明書を提出しますので、それで年末調整の処理をしなければなりません。ただし、この手続きは生命保険料控除と同様です。事業所登録が完了すると事業所番号通知書と事業主の手引きが送付されますが、こちらの書類の事業主控えの裏側に説明が記載されています。

一般的には、会社の手間を考え個人払込とする会社が多いようです。現状個人払込でも全く問題がありませんが、２０１８年以降に始まる小規模事業主掛金納付制度が実施されるときは事業主払込への変更が必要になる可能性があります（第８章参照）。

J：会社の制度を記載する部分です。

02

実践編

転職により企業型から個人型に移換する場合の必要書類の記入例

転職により企業型確定拠出年金の資産を個人型に移換する会社員の場合、以下の①から⑤の書類を提出します。①「個人型年金加入申出書（第2号被保険者用）」②「確認書」③「事業所登録申請書兼第2号加入者に係る事業主の証明書」④「本人確認書類（免許証コピーなど）」⑤「個人別管理資産移換依頼書」。

※資産が国民年金基金連合会に自動移換されている場合も同じ書類が必要です。

⑤個人別管理資産移換依頼書の書き方

K：以前勤務していた会社からもらった書類をチェックしてください。会社の名前（実施事業所名称）以外の情報もしっかり記入します。特に記録関連運営管理機関は資産状況のお知らせなど、手元に過去届いた資料などがあるかと思いますので、確認してください。転職後何の手続きもせずに6カ月以上経過している人は、右下の★印「次の内容の通知の受理」欄をチェックします。不明な場合は「わからない」をチェックします。転職前の会社以外でも確定拠出年金をやっていたなど加入履歴がある場合は、一番下の欄の「加入していた」をチェックします。

※以前勤務していた会社で、厚生年金基金や確定給付企業年金があり、脱退一時金の移換を希望する人は別途運営管理機関にその旨問い合わせてください。資産の移換は非課税ですし、加入期間が確定拠出年金に引き継がれるといったメリットがあります。ただし、脱退一時金相当額を受け取ってしまった後では移換ができません（第8章参照）。

⑤

国民年金基金連合会

個人別管理資産移換依頼書

（事務処理センター用） 拠

届書コード 02021

1枚目

●記入にあたっての留意点

1. この移換依頼書は「企業型確定拠出年金（自動移換を含む）」を移換するための書類です。「厚生年金基金・確定給付企業年金」を移換するためのものではありません。

2. 手続きに要する期間は約2ヵ月です。なお、「自動移換（右欄A・B参照）」の状態から移換を行う場合、別途、特定運営管理機関の移換手数料1,080円（消費税込）が年金資産から控除されますので、ご了承ください。

3. 必ず、押印してください。訂正は、訂正部分を二重線で抹消し、訂正印を押してください。

4. 企業型確定拠出年金の受給者（老齢または障害給付金）が個人型に移換する場合、受給中の原資である年金資産も同時に移換されます。したがって、個人型年金で給付を受けるには、別途、あらためて裁定請求を行う必要があります。

A. 企業型確定拠出年金の資格喪失日が属する月の翌月から6ヵ月（以下、「自動移換回避期限」という）までに、何らかの手続きを行わなかった場合、次のような取扱いとなります。これを「自動移換」といいます。
（1） 年金資産は現金化され、運用されません。
（2） 年金資産の管理先が、国民年金基金連合会にかわります。
（3） 管理先の変更に伴い、国民年金基金連合会及び特定運営管理機関に係る自動移換手数料、それぞれ1,029円、3,240円が、年金資産から控除されます。
また、特定運営管理機関の管理手数料51円／月（自動移換後、4ヵ月後から）が、年金資産から控除されます。（金額は消費税込）

B. 以下の場合、「自動移換」の状態からの移換として手続きを行いますので、早めに手続きを行ってください。
◆この依頼書を提出したが、
（1） 提出先での「受付日」が自動移換回避期限を経過していた
（2） 不備事項を、自動移換回避期限内に解消できなかった
例） ①添付書類の漏れ
②依頼書の記入事項の相違
③企業型確定拠出年金での保有データの相違

太枠内のすべての項目について記入してください（選択肢は、数字の場合は○印を、□の場合はレ点を記入してください）。
なお、「移換元の情報」については、企業型確定拠出年金で受領した書類や以前の勤務先で確認してください。

私は、「加入・移換にあたっての確認事項」を受領し、その内容を確認したうえで、個人型年金への移換を申し出ます。

基礎年金番号	申出者氏名	フリガナ ショウエイ タロウ	生年月日	性別
1234－567890		翔泳 太郎 （翔泳）	5:昭和（○） 7:平成 55年××月××日	1:男（○） 2:女

住所	フリガナ トウキョウト シンジュクク
	〒×××－○○○○ 連絡先電話番号（ 03 －××××－△△△△） 市区町村コード
	東京都新宿区 ×××

移換先の情報				
	運用関連運営管理機関の登録番号	0000223	運用関連運営管理機関の名称	株式会社SBI証券
	記録関連運営管理機関の登録番号	0000115	記録関連運営管理機関の名称	SBIベネフィット・システムズ株式会社

移換元の情報（最後に加入していた企業型確定拠出年金の情報）				
	実施事業所登録番号（注）	12345678	実施事業所名称	（株）翔泳出版
	記録関連運営管理機関	●該当の機関の□にレ点を記入してください。 ☑ 0000011 日本インベスター・ソリューション・アンド・テクノロジー（JIS&T） □ 0000115 SBIベネフィット・システムズ（SBI） □ 0000074 日本レコード・キーピング・ネットワーク（NRK） □ 0000015 損保ジャパン日本興亜DC証券		
	●右記★印2項目の記入にあたって注意 （1） ★印2項目のいずれかに間違いや不備がある場合、次のデメリットが発生することがあります。 ①移換不能、遅延および移換依頼書の再提出 ②「自動移換」扱いによる手数料の発生 （2） 「資格喪失日」については、資格喪失後、1年以上経過している場合、「年月」までの記入で構いません。「日」の記入は不要です。	★資格喪失日 退職による資格喪失の場合、退職日の翌日が資格喪失日	平成 28年××月○○日	
		★次の内容の通知の受理 年金資産が、国民年金基金連合会に振り込まれ、同連合会で仮預りされている旨の通知（自動移換の通知）	□ 受けた ☑ 受けていない □ わからない	

上記「移換元」以外の企業型確定拠出年金の加入履歴	□ 加入していた ⟶ ☑ 加入していない	今回の移換資産とは別に、①企業型確定拠出年金で積み立てた個人別管理資産（年金資産）がある場合、または②同年金同資産の金額がゼロで通算していない加入者等期間がある場合、今回移換する年金資産とこれらは一本化する必要がありますので、受付金融機関に必ず申し出てください。

（注）「実施事業所登録番号」は「規約承認番号」のことで、以前の勤務先にご確認いただいても不明な場合、同番号欄は空欄でも構いません。

受付金融機関および事務処理センター使用欄

受付金融機関	0988	（株）SBI証券

受付金融機関	7：平成	年	月	日	事務処理センター

K

K003(27.01)

03
実践編

自営業者（第1号被保険者）が新規加入する場合の必要書類の記入例

自営業者で新規に個人型確定拠出年金に加入する場合は以下の書類が必要です。①「個人型年金加入申出書（第1号被保険者用）」②「確認書」③「本人確認書類（免許証コピーなど）」。

①個人型年金加入申出書（第1号被保険者用）の書き方

L：第1号被保険者の場合、掛金の設定に注意が必要です。国民年金基金に加入している人は、国民年金基金の掛金と合算して6万8000円が限度額です。また**国民年金の付加保険料**（月400円）を負担している人も、確定拠出年金の掛金は合算で6万8000円となります。しかし、付加保険料は400円で、確定拠出年金の掛金は1000円刻みとなるため、付加保険料を負担している人の場合、確定拠出年金の掛金は6万7000円が上限となります。

M：該当する場合は、チェックして必要な番号などを記入します。該当しない場合は、未記入のままで大丈夫です。

●国民年金の付加保険料
第1号被保険者に認められた上乗せ年金。保険料は月400円で、付加年金は200円×付加保険料納付月数で計算されます。例えば10年加入すると、支払い保険料4万8000円に対し、受け取り年額は200円×120カ月＝2万4000円です。俗に2年で元がとれる年金といわれています。申し込みは市区町村役場です。

※自営業者で過去企業型確定拠出年金に加入しており、転職などで第1号被保険者として個人型に資産移換が必要な人は以下の書類が必要です。なお書き方は会社員と同様です。①「個人型年金加入申出書（第1号被保険者用）」②「確認書」③「本人確認書類（免許証コピーなど）」④「個人別管理資産移換依頼書」。

①

事務処理センター用　拠

個人型年金加入申出書(第1号被保険者用)

国民年金基金連合会

届書コード	01011

1枚目

●記入にあたっての留意点

1. この申出書は、20歳以上60歳未満の自営業者等で、国民年金の保険料を納めている「第1号被保険者」用の掛金を拠出するための申出書です。
2. 農業者年金の加入者は加入できません。
3. 必ず、押印してください。訂正は、訂正部分を二重線で抹消し、訂正印(掛金引落口座情報については金融機関届出印)を押してください。
4. 企業型確定拠出年金で障害給付金を受給している方が、個人型年金で障害給付金の受給を希望する場合、個人型年金に移換して、改めて裁定請求を行ってください。
5. 既に個人型年金の運用指図者である方が、現在利用中の運営管理機関と異なる機関を、この申出書で指定する場合、「加入者等運営管理機関変更届」をあわせて提出してください(運営管理機関の複数指定は不可)。

1. 太枠内のすべての項目について記入してください(選択肢は、数字の場合は○印を、□の場合はレ点を記入してください)。

私は、「加入・移換にあたっての確認事項」を受領し、その内容を確認したうえで、個人型年金への加入を申し出ます。

基礎年金番号	申出者氏名		生年月日	性別
1234-567890	フリガナ ショウエイ タロウ	翔泳 太郎（印：翔泳）	5:昭和（○） 7:平成　55年××月××日	1:男（○） 2:女

住所	
フリガナ	トウキョウト シンジュクク
〒×××-○○○○	連絡先電話番号(03 -×××× -△△△△)
	東京都新宿区 ×××
市区町村コード	

掛金引落口座情報

区分	金融機関コード	金融機関名	口座名義人(本人名義に限定・屋号付きは不可)	金融機関届出印
1（○） ゆうちょ銀行以外の金融機関		○× 銀行	フリガナ ショウエイ タロウ	
	支店コード	支店名	翔泳 太郎	2枚目に金融機関届出印を押印してください
		本店		
	預金種別	口座番号		
	1:普通（○） 2:当座	1234567	(口座情報で記入する数字は、すべて右詰めで記入してください)	
2 ゆうちょ銀行	種目コード 166	契約種別コード 30	通帳記号 の 通帳番号	

毎月の掛金額	35000 円	最低金額 5,000円 / 最高金額 68,000円

L

企業型確定拠出年金の加入履歴	□ 加入していた ──→ 企業型確定拠出年金で積み立てた個人別管理資産(年金資産)がある場合、または同資産の金額がゼロで通算していない加入者等期間がある場合、「個人別管理資産移換依頼書」をあわせて提出してください。 ☑ 加入していない

2. 下記の(1)～(4)について、該当する項目の□にレ点をつけ、枠内の空欄は指示にしたがって記入してください。

M

□	(1)国民年金の付加保険料(②納付月額400円)を納付している		①個人型年金掛金、②国民年金付加保険料、③国民年金基金掛金の関係は、次のとおりです。68,000円≧①+②(月額) 68,000円≧①+③(月額)
□	(2)国民年金基金に加入している。該当者は右欄を記入してください。	国民年金基金加入員番号 / ③掛金月額 千 円	
□	(3)障害基礎年金等を受給している。01 該当者は右欄を記入してください。	障害基礎年金等の年金証書の記号番号	障害基礎年金等の「年金証書のコピー」を添付してください。
□	(4)国民年金法第89条第3号に該当する。02 厚生労働省令で定められた施設に入所されている方が該当者となります。		「入所施設の長の証明書」を添付してください。

受付金融機関および事務処理センター使用欄

受付金融機関	0988	(株)SBI証券
運用関連運営管理機関	00002 23	(株)SBI証券
記録関連運営管理機関	00000115	SBIベネフィット・システムズ(株)

各種届書・添付書類	受付金融機関確認		事セ確認
預金口座振替依頼書	□ あり	□ なし	□
加入者等運営管理機関変更届	□ あり	□ なし	□
個人別管理資産移換依頼書	□ あり	□ なし	□
年金証書のコピー	□ あり	□ なし	□
入所施設の長の証明書	□ あり	□ なし	□

受付金融機関	7:平成 年 月 日	事務処理センター

K001 (27.01②)

04

実践編

書類を提出してから商品の購入まではどのくらいかかる？

個人型確定拠出年金への新規加入または、企業型からの資産移換を含む手続きには1～3カ月程度時間がかかります。

通常、銀行や証券会社で口座を開設するにあたっては、それほどの時間がかかることはありません。インターネットから口座開設を申し込むようなケースであったとしても、せいぜい10日もあれば口座開設手続きが完了します。

しかし、確定拠出年金の場合、口座開設の申し込みから掛金の初回引き落としまでに長ければ3カ月程度の時間が必要です。これは、確定拠出年金は公的年金を補完する仕組みであり、公的年金は「働き方」により制度が異なるため、確定拠出年金の取りまとめ機関である国民年金基金連合会が、加入希望者の条件確認を一人ひとり行わなければならないからなのです。

仮に加入資格がない人が加入し、掛金の引き落としが実行されると、そのお金を返金しなければなりません。もし、資産価値の変動する投資信託などの買付をして、手続きが完了するまでの期間に大幅に価値が下落してしまえば、加入者は不利益を被ってしまいます。このようなことがないよう、丁寧に条件のチェックをしているのだと理解してもらえれば良いでしょう。

1. 加入手続きに必要な書類の提出

2. 金融機関で書類を確認し、国民年金基金連合会に書類を送る

3. 国民年金基金連合会の審査で加入資格が認められた場合、次の書類が送られてくる

・個人型年金規約
・個人型年金加入確認通知書
・加入者・運用指図者の手引き

加入者資格がない場合は、その旨の通知書が届く

4. 口座が開設され、口座番号とパスワードなどのお知らせが届く

5. 掛金が引き落とされ、原則として13営業日以降に選んだ商品が購入される

05

実践編

不安な点はすぐ解消！コールセンターはどこまで教えてくれる？

確定拠出年金の加入から運用、さらに受け取りに至るまで、加入者にとってとても頼りになるのが、運営管理機関が設置しているコールセンターです。実際にコールセンターではどういう質問に答えてくれるのでしょうか？　某運営機関の担当者の方に教えてもらいました。

コールセンターでは、「加入申し込みに関すること」「運用商品に関すること」「給付に関すること」に関連する質問が特に多いそうです。お問い合わせが多い項目は多くの人が疑問に思う点ですから、あらかじめ内容を知っていると対策もできます。

書類を送っても連絡がこなくて不安になる

まず加入申し込みに関することでは、「書類を送ってしばらく経つけれど何も連絡がない。本当に受け付けてもらっているのだろうか？」という質問が多いそうです。確定拠出年金の加入には結構時間がかかります。なぜならば、前述したようにその人の公的年金の被保険者区分や、勤務先の企業年金制度の有無などによって掛金の上限額が異なるので、そのチェックに時間がかかるからです。書類の受付は毎月20日を〆としている関係で、書類がいつ運営管理機関に届いたのかによって、処理日数が異なります。余裕をもって2カ月程度はかかる

4-06 特に多く寄せられる質問

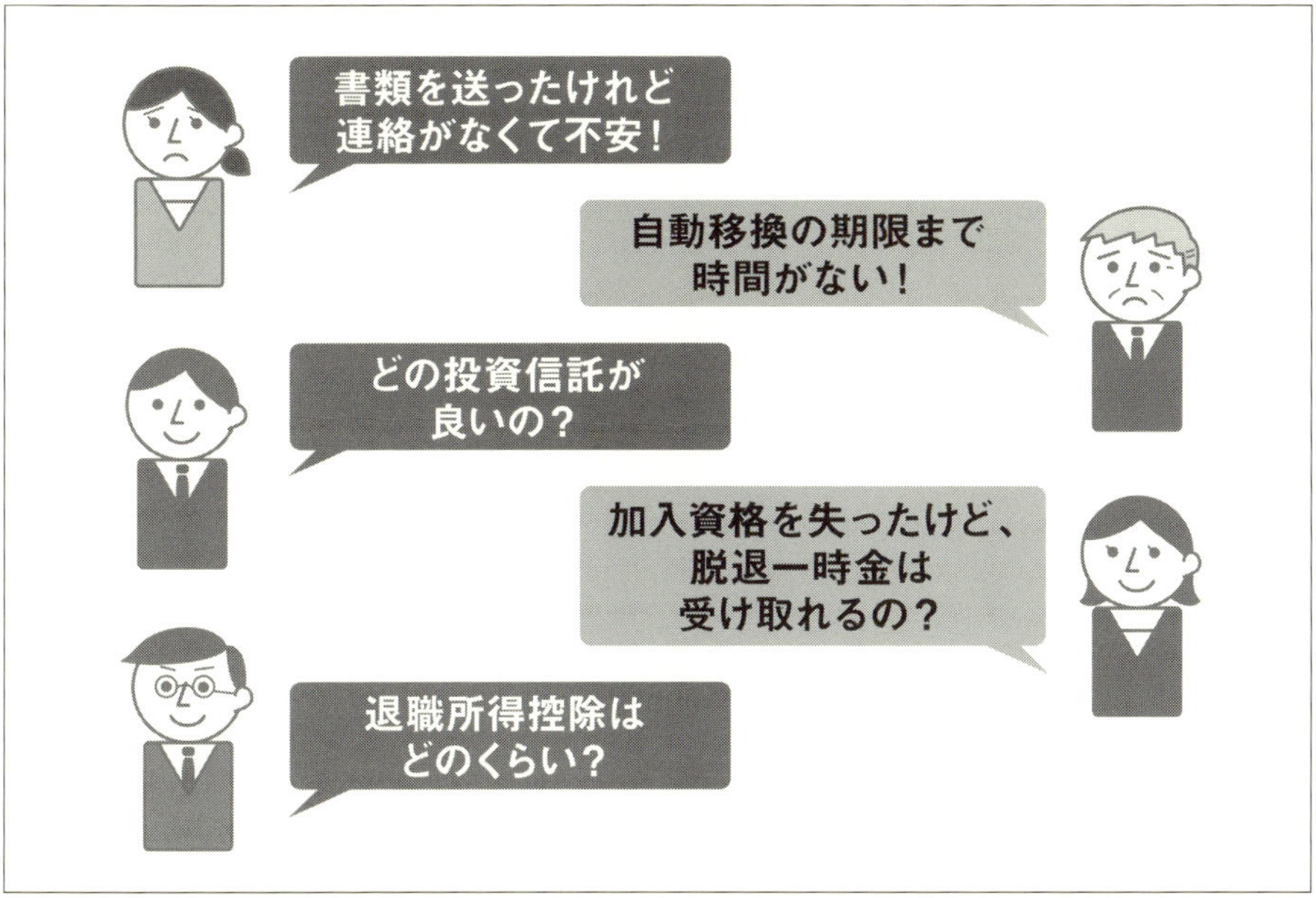
書類を送ったけれど連絡がなくて不安！
自動移換の期限まで時間がない！
どの投資信託が良いの？
加入資格を失ったけど、脱退一時金は受け取れるの？
退職所得控除はどのくらい？

かもしれないと思っていた方が無難です。

「書類が本当に届いているか」という問い合わせも多いとのことですが、通常、加入申し込みを請求した際に同封されている返信用封筒を使って書類を送付しているでしょうから、住所の書き間違いは起こりません。また日本の郵便物の配送状況に心配はありませんから、発送したら焦らず知らせを待つというスタンスで良いようです。

もし書類に不備などがあれば、運営管理機関からかならず連絡があります。どうしても心配という人は、送付する前に書類のコピーを取り、投函した日のメモを残すなど対策しましょう。

「6カ月」の期限に注意

特に転職により自身の資産残高を個人型に移換しなければならない人の場合、6カ月という期限があります。この期限を過ぎると国民年金基金連合会に資産が自動移換され、掛金の拠出ができないなどの不都合が生じます。

でも、忙しくて手続きのための時間が取れなかった、もしかしたら企業型確定拠出年金のある会社に転職が決まるかもしれない、などという理由から個人型の移換を後回しにしている人も多いのが現状です。すると、自動移換までのタイムリミットが迫ってから焦って申し込みをする人が非常に多いそうなのです。

書類の受領が6カ月の締め切りの前であれば問題なく個人型に移換できるのですが、万が一書類の不備があったりすると、一旦書類が運営管理機関に届いても、書類が戻されたりしている間に締め切りが過ぎ、残念ながら自動移換となってしまうこともあります。自動移換になってから改めて個人型に移換することも可能ですが、その際はまたお金がかかりますから、できれば避けたいところです。転職した際は、自動移換の締め切りから余裕をもったタイミングで個人型への移換手続きを始めましょう。

資産の移換で気を付けたい点は、特に自己都合退職を予定している際の確定拠出年金の運用商品選びです。資産移換の際は、かならずそれまでの運用商品をすべて売却して次のプランに移換する必要があります。つまり退職時に投資信託のままにしておくと、移換の手続きのタイミングで売却されキャッシュとなり移換されるのです。例えば、移換のタイミングで大幅に**投資信託の基準価格**が下がることも考えられます。そうすると認識していた資産残高を割り込んでしまうことも実際にはあるのです。移換のタイミングは指定することができないことを前提として考えると、移換手続きを依頼する前に、自分自身が納得したタイミングで、できれば投資信託はすべて売却し、定期預金など資産価値が変動しないものにスイッチングしておくことも必要です。

個別商品の推奨はしてくれない

コールセンターには運用商品に関する問い合わせも多いそうです。ただしコールセンターでは個別の商品の推奨はできませんから、「どの投資信託が良いのか？」といった質問に回答はできません。特に市場の動きが活発になっていると、投資に対する関心も高まるかと思いますが、コールセンターで対応できるのは、その商品の特色、例えば投資対象は何なのか、信託報酬はいくらなのか、というような概要に留まりますので理解しておきましょう。

もし運用に関して様々な状況を加味したうえで運用商品を決めたい、運用に関してもっと学びたいということであれば、ファイナンシャルプランナーに相談するとか、金融機関のセミナーなどに参加する、書籍で学ぶなどの対策をすることが必要となります。

例えば株価が大幅に下落するような状況になると、「今すぐ投資信託を売却したい」という電話も増えるそうです。しかし投資信託はたくさんの会社の株などに投資をしているため、個別の株価のように1秒ごとに値段が変わることはありません。売却をしたいという指示を出しても、すぐに売却ができるものではないのです。やはり元本変動型の商品を選ぶ際は、

●**投資信託の基準価格**
詳細は１１４ページ参照

リスクについてもしっかり理解した上で購入したいものです。

売買は加入者自身で行おう

コールセンターで運用商品の売買を受けてくれるところもありますが、売買については可能な限りWEBを通じて加入者自身が行いたいものです。どうしても聞き間違い、言い間違いが発生する可能性があります。特にお金に関わることですから、自分の目で確かめて、自分の手で指示を実行した方がいいでしょう。WEBの操作で何か分からないことがあればコールセンターで教えてくれるので、操作方法をしっかり理解した上で、自分で行いましょう。

また残高チェックなども随時できますので、自分自身のお金はほったらかしにせず適時確認していきましょう。

コールセンターが受ける質問には、給付に関するお問い合わせも多いそうです。特に脱退一時金が受け取れる要件を満たしているかどうかの問い合わせです。

確定拠出年金は原則60歳まで引き出せないのですが、転職などで加入資格を失った人で、残高が一定額より少ない場合は脱退一時金が受け取れる場合があります。しかし、要件に当てはまるかどうかを自分で判断するのも難しいので、過去の加入期間や残高を確認してもらうための問い合わせが多いそうです。

しかし、この**脱退一時金の要件**も2017年よりますます厳しくなります。そもそも全国民が加入資格を有するので、脱退一時金の可能性がある人は「年金保険料の未納者」「年金

●2017年からの脱退一時金受け取り要件
・国民年金保険料免除

保険料の支払い免除者」「海外居住者」に限定されるからです。

確定拠出年金は60歳まで継続するのが原則ですが、もし個人型加入者で掛金の拠出が難しい場合、運用のみを行う運用指図者になる選択肢がありますから、万が一掛金がどうしても出せないといった緊急時には検討しましょう。その後、所得が安定するなど状況が好転したら、やはり掛金を拠出する加入者になるべきです。老後の資産形成はなによりも時間を味方につけるのが最も効率が良く、継続が力となるからです。

税務署でないと判断できないこともある

60歳以降での老齢給付金にかかわる問い合わせも多いそうです。特に退職所得控除についての問い合わせが多いそうですが、コールセンターで把握できるのは確定拠出年金の加入期間を対象とした退職所得控除の金額のみです。会社からの退職一時金などもある場合については、控除額が異なりますのでその場合はコールセンターではなく、税務署への問い合わせを案内されるそうです。

例えば60歳で退職給付金を受け取る場合、確定拠出年金の加入期間が30年であれば退職所得控除は1500万円です。その時点での資産残高が2000万円であれば、控除額1500万円を差し引いた500万円のさらに2分の1が課税対象となります。つまり250万円です。250万円に対する所得税は15万2500円の**分離課税**です。つまり正味の受け取り額は1984万7500円です。しかし、確定拠出年金の他に退職一時金があると、退職する会社での勤続年数も退職所得控除に加味しなければならず計算が少し複雑にな

者であること
・障害給付金の受給権者でないこと
・通算拠出期間が3年以下または、資産額が25万円以下
・資格喪失日から起算して2年を経過していないこと
これらの条件を満たしている人が脱退一時金を受け取れるように制度が変更されました。第8章でも詳しく説明します。なお、企業型からの脱退用件は資産残高1万5000円以下となっています。

●**分離課税**
退職金は同じ年に給与所得などがあった場合でも合算されることはなく、その他の所得と分離され課税手続きが完了します。分離課税であることも大きな税制優遇です。

るのです。

確定拠出年金の資産残高を一時金で受け取る場合の計算方法についてはコールセンターできちんと教えてもらえますが、確定拠出年金以外の資金がある場合、その質問は税務署となります。

確定拠出年金のコールセンターは専門性の高い優秀なスタッフが一生懸命勤めてくれている頼もしいところです。とはいえ、コールセンターで対応できることとできないこともありますので、上手に付き合いたいものです。必要に応じてファイナンシャルプランナーなどのアドバイザーに相談することも大切です。

第5章

お金の運用は難しく考えなくても大丈夫

01

実践編

絶対に勝つ投資ではなく失敗しない投資を目指そう

確定拠出年金は、お金を積み立てるだけでメリットがあります。少なくとも自分のための貯金をしているだけなのに税金が得する制度なのですから、こんなありがたいものはありません。

でもやはり世の中はマイナス金利ですから、元本確保型商品では節税分のメリットしか望めず、将来の備えとして少しは運用で増やしたいと思うのも当然です。

頭でっかちにならないようにしよう

初めて運用に取り組みたいという人が陥りやすいトラップが「完璧を求めるあまり最初の一歩が踏み出せない」ことです。書籍を読み、著名人の講演会に出向き、情報を集めれば集めるほど頭でっかちになります。そして、ますますどうするべきか分からなくなって、確定拠出年金を始めることさえもできずに足踏みしてしまうのです。

まず投資というものは難しいものだということを再認識しましょう。運用のプロという人たちでさえ成功し続けるのは難しいのですから、一般人が投資でそう簡単に儲かるわけがありません。投資の世界に神様はいませんしカリスマもいません。今後市場がどうなるかなど完璧に予測できる人などいないのですから、だれかの意見をやみくもに信頼しすぎるのも問

5-01 初心者が知っておきたい投資の基本的な考え方

失敗する考え方

- 一気に儲けようと考える
- 安く買って高く売ろうとする
- 全額を1つの商品に投じる

成功する考え方

- 投資は難しいものと自覚する
- 失敗を減らすことを考える
- 成長を応援しようと考える

題です。

「儲けよう」という考えを捨てよう

投資で大儲けすることはできませんが、大失敗を避けコツコツ資産形成をすることはできます。これはだれでもできます。

ベストオブザベストではないけれど、少なくともインフレに負けずに着実に資産を増やすことを私たちは学ぶべきです。失敗しない資産形成、そのための知識をこれから学んでいきましょう。

まず「儲けよう」という考えを捨てましょう。何を買ったら儲かるのか？と思うのが間違いなので「成長を応援しよう」という考え方に頭を切り替えましょう。

世界中のあちこちで、今日よりも明

日、明日よりも未来はもっと良くなると思って一生懸命頑張っている人たちがたくさんいる（自分も含めて）。その人たちにえこひいきすることなく広く「分散投資」をして応援するのだという考えが、失敗しない資産形成につながります。

次に「今が買い時」という考えを捨てましょう。安く買って高く売るのが投資の儲かるロジックですが、最安値で買って最高値で売ることなんてできるわけがありません。第一、儲かる売買のタイミングなんて過去を振り返ってやっと分かることなので、「買い時」なんて考える方が無理なのです。買い時を考えずに毎月コツコツ定額で「積立投資」をする。これが失敗しない資産形成です。

そもそもタイミングを見計らって、売買をして儲けを出すのは、資産形成ではなく「投機」＝「ギャンブル」です。世の中にはギャンブルで財産を築く人もいるかもしれませんが、ギャンブルで身を崩す人の方が圧倒的に多いのです。失敗しない資産形成は投機ではなく投資、「分散投資」と「積立」です。

02

実践編

投資をする前に知っておきたいリスクとリターンの考え方

投資をする上で正しく理解したいのが「リスク」と「リターン」という言葉です。

リターンは価値の上昇を表現したもの

リターンはいくら投資をしていくら儲かったのかという利益を意味します。株に投資をしたとき、利益のおすそ分けである配当のことを「インカムゲイン」、株価の値上がり益を「キャピタルゲイン」といいますが、それらをひっくるめて利益のことをリターンといいます。

リターンは、投資元本に対し1年後にいくらになったのかという意味で、「○%」と表します。長い時間軸の中でのリターンの傾向を見るときは「年平均利回り」という言い方もします。また、この1カ月間で上がったのか下がったのかといった、一定期間内での変動を見るときは「騰落率」という言い方もします。ケースバイケースで言い方も異なりますが、最もベースとなる考え方は、過去10年や20年の中で投資対象の価値が平均どのくらい上がったのかを確率で示したものと理解すれば良いでしょう。やや難しく感じる人もいるでしょうが、読み進めていけば理解できるので安心してください。

「投資対象」というのは、投資先という意味です。例えば債券市場といえば、債券を売買している市場（マーケット）ですし、株式市場といえば、株式を売買している市場（マーケット）です。まずは「基本の4資産」といわれる「日本の株式市場」「日本の債券市場」「外国の株式市場」「外国の債券市場」のリスクとリターンの違いを知りましょう。

リスクは過去のバラつきを確率で表現したもの

日常生活におけるリスクは危険という意味ですが、投資の世界でいうリスクは不確実性という意味です。

例えばだれもが知っている大企業の株価は安定していて、景気が悪くてもそう簡単に倒産しないというイメージがありませんか？　一方でベンチャー企業は、ちょっとしたヒットによりぐーんと株価が上がるけれど、やはり倒産の危機は大企業よりありそうなイメージです。これを少数のサンプルで検証するのではなく、ものすごくたくさんのサンプルをとって過去10年、20年分のデータを取り、平均的なリターンを中央に据え、株価の変動がどうだったのかを検証します。その際、良いとき、悪いときの株価のバラツキを確率で出したものが投資の世界でいうリスクです。リターンと同様、過去のデータに基づいた確率です。

リスクとリターンという言葉を理解した上で知ってもらいたいことは、投資対象によってリスクとリターンはずいぶん異なるということです。投資というとなんでもリスクがあって怖いものと思っている人も多いのですが、先ほど紹介した基本の4資産であっても、そのリスクとリターンがずいぶん違うのです。

ネット上で検索できる過去のリスクとリターン

基本の4資産の過去のデータを知るのにとても便利な野村アセットマネジメントが提供し

5-02 リスクとリターンは「投信アシスト」の「実績データ」から検索できる

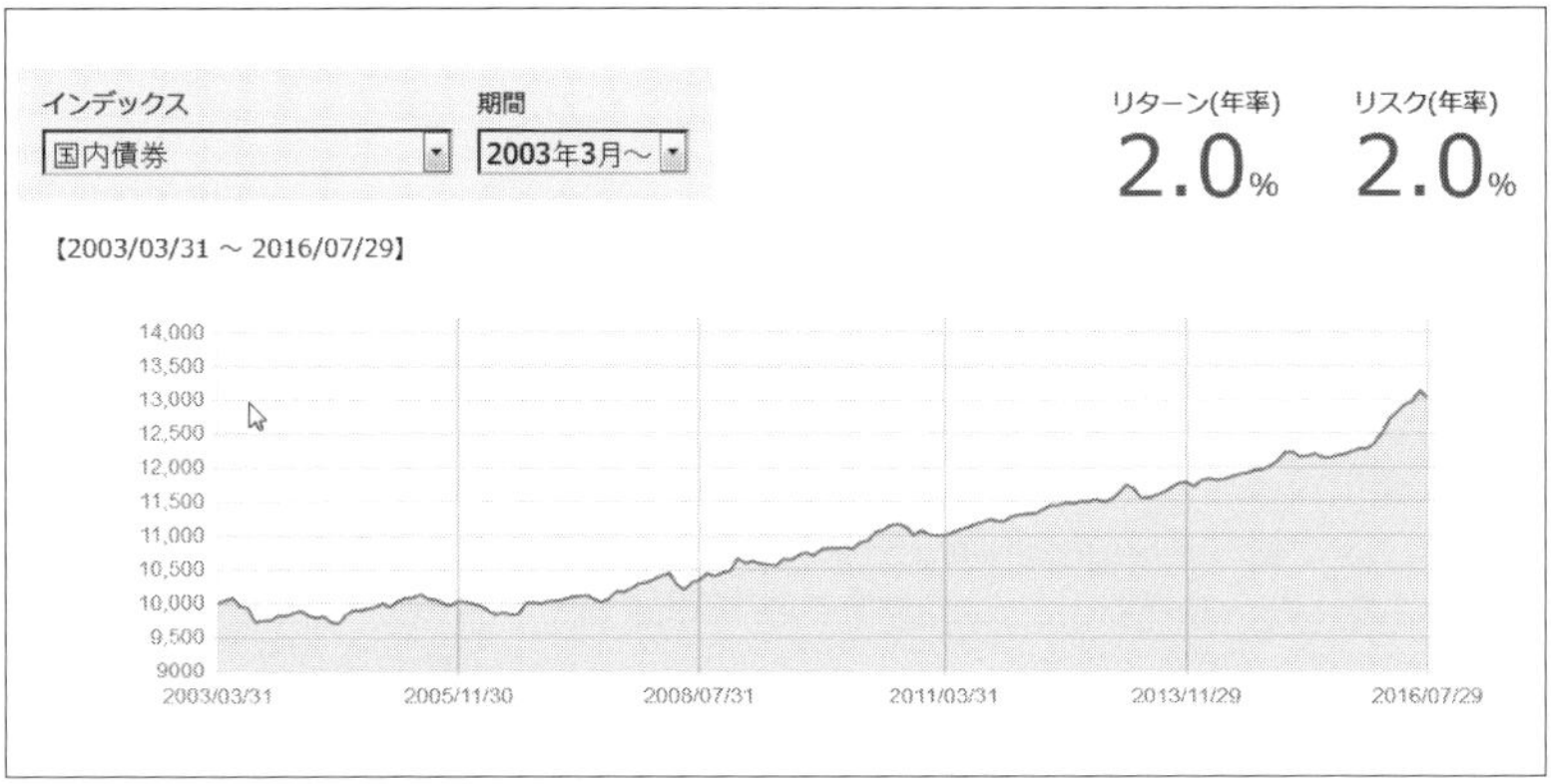

※2003年3月〜2016年7月までのデータ
出所：投信アシスト（http://fas.qri.jp/services/Query?SRC=fund-assist/index/base）

ているシミュレーションサイト「投信アシスト*1」より過去の4つの市場の動きの違いを見てみましょう。

図版5-02は、日本の債券市場の2003年からの動きです。

債券とはお金の貸し借りですから、株と異なり元金返済の期限（償還）があり、固定金利での利息の受け取りがあります。したがって、株式よりリターンも小さいですが、リスクも小さい傾向があります。

年率のリターン2％というのは、データの収集期間において債券市場は平均2％で成長したという意味です。一方リスク2％というのは、平均リターン2％を中心にして、リターン4％（平均リターン2％プラス2％）とリターン0％（平均リターンマイナス2％）までの間にお

*1 投信アシストの免責事項及び指数著作権については122ページを参照。

● 投信アシストのURL
http://fas.qri.jp/services/Query?SRC=fund-assist/index

※本書で紹介するリスクとリターンは基本的に年率を指しています。

*2 国内債券：NOMURA-BPI総合の免責事項及び指数著作権については122ページを参照。

5-03 日本の債券市場のリスクをふり子にたとえると…

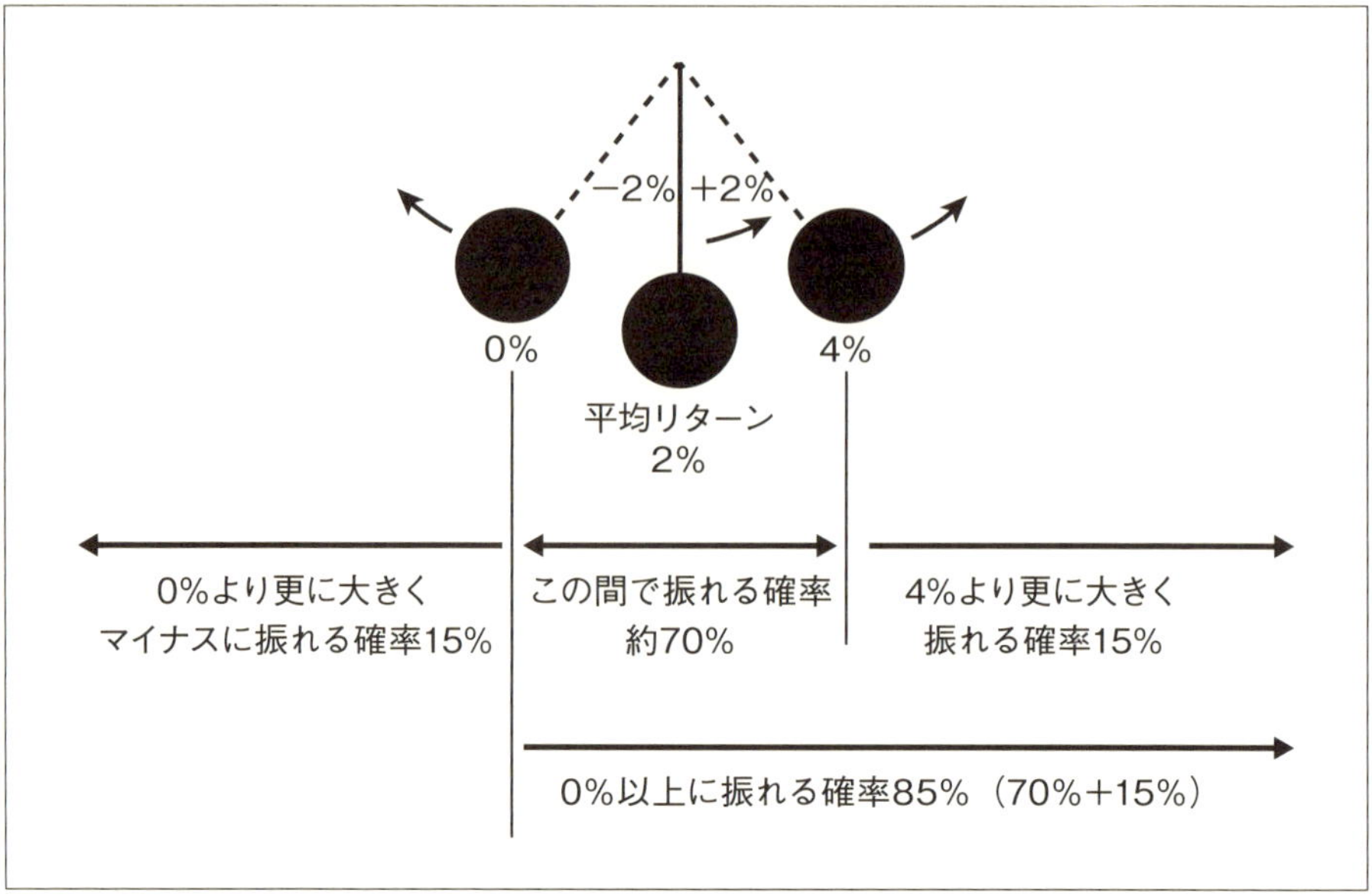

およそ70％のリターンの分布があったという意味です。図版5－03とあわせて確認して下さい。

要は平均2％のリターンといっても、毎日毎日2％利益が出ているわけはなく、日々その成長率も変動しているわけです。しかしその変動にも幅があり、約7割については平均リターン2％を中心に前後2％のブレ幅の中で起こっていたということです。この平均を中心として約70％で納まる範囲のことを1**標準偏差**といいます。

データは天気予報のようなもの

市場の動向を調査したデータから出したリターンとリスクの数値は、例えるならば天気予報のようなものとイメージしてください。天気予報は過去の膨大なデータを分析して、雲の動き

●標準偏差
「平均からのズレ」の程度を表す指標の1つ。データのばらつきを表す指標です。

や気圧の変化などからこれからの天気を予想しているわけです。投資における市場の分析データも、これからの傾向を予測するためにとても大切な情報なのです。

過去における日本の債券市場の平均リターンは2％で、そこを中心にプラス2％とマイナス2％。すなわち0％から4％の幅の内側にリターンがおさまった頻度が70％だったということです。さらにこの標準偏差は左右対称ですから、中心70％の外、つまり4％よりもっと高いリターンが出た実績も15％存在し、0％よりもっと損をした実績も15％あったという意味です。ということは、日本の債券市場において0％以上のリターンが出た確率は85％と理解することができます。

ここでまた天気予報の話をします。日本の債券に投資をすると85％以上の確率で0％以上のリターンを得られることが過去のデータ分析から分かりました。でもいくら天気予報で今日の降水確率が85％といわれていても、自分の住むエリアがそのままその降水確率が当てはまるとは限りません。みなさんは天気予報を参考にしつつ、空を見上げ雲をチェックし、空気の湿り具合などを感じながら、傘を手にするかどうかを無意識であっても自分で判断しているのではないでしょうか？

これと同じように投資もまずは過去のデータを確認し、それを基に日々の経済ニュースをチェックして自分で投資判断を行う、この繰り返しなのだと考えると良いでしょう。

03

実践編

投資信託の手数料の仕組みを知って賢く運用しよう

投資といえば株式投資をイメージする人も多いかと思います。「あの会社の株が上がりそうだ」「今が買い時だ」というように、うまくいけばとても儲かり、投資先が倒産したらお金が紙切れになってしまう怖いものと思っている人もいるでしょう。

失敗しない投資のためには「狙わないこと」が一番です。狙わないとは、個別の銘柄を選ぼうとするのではなく「市場」をまるごと買ってしまうということです。しかし個人の力で市場をまるごと買うには資金力が足りません。そこで「投資信託」を通じて大きな市場に丸ごと投資をしていきます。

インデックスとアクティブ

投資信託とは、ファンドマネージャーと呼ばれる投資のプロが発表するコンセプトに対し、投資家がお金を出資する仕組みです。たくさんの資金が集まるので、個人が行う投資よりダイナミックな資産運用が可能です。例えば、「日本の国債を中心に投資を行い安定的な収益を目指す投資を行います」といったコンセプトに共感する投資家がこのファンド（投資信託）を買い、ファンドマネージャーはその資金を使い運用を行っていきます。この場合、国債などの売買から収益を得て、基準価額（投資信託の時価）が上がったり、時に分配金を出した

5-04 投資信託の仕組み

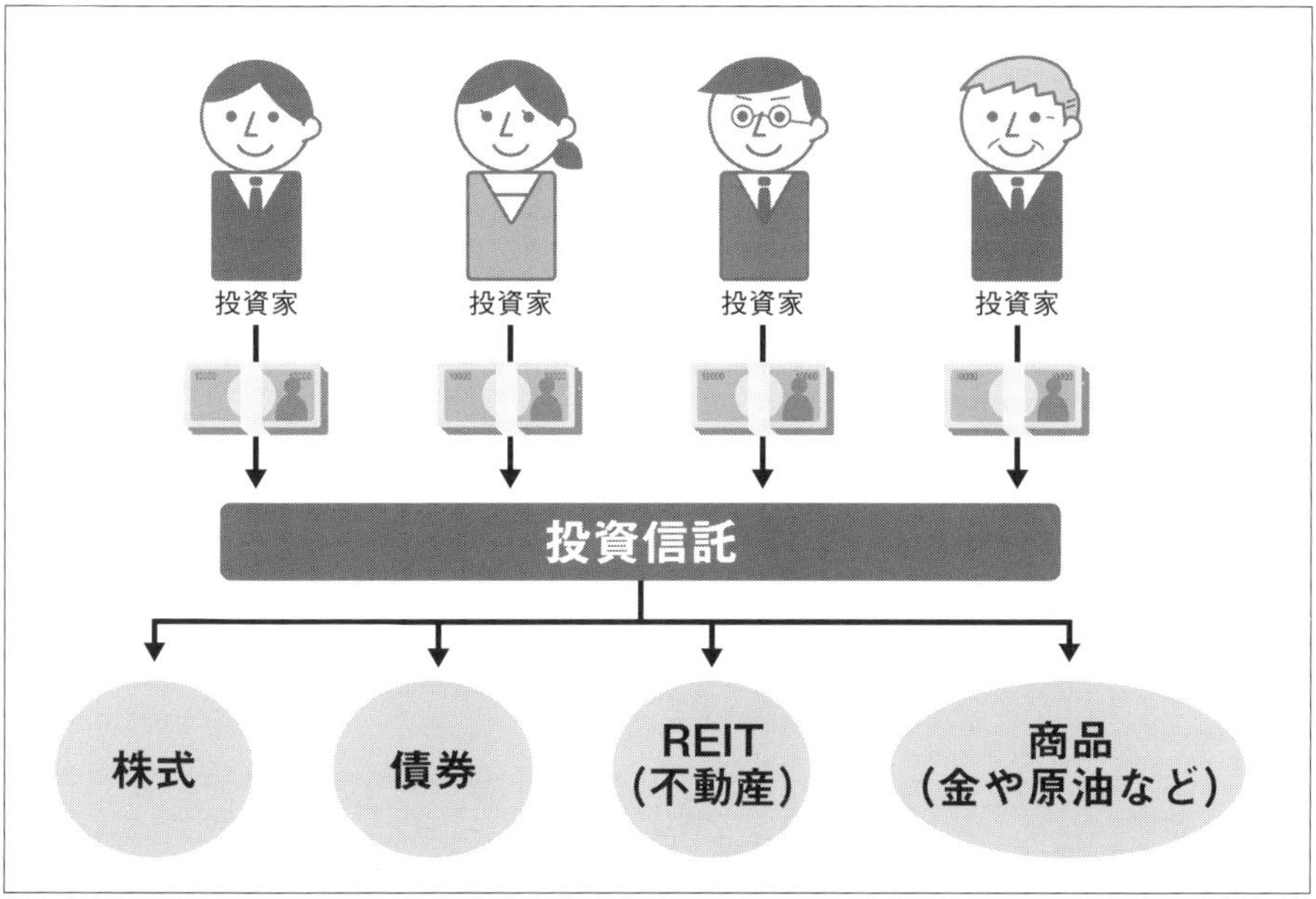

りします。これが投資家のリターンです。

投資信託のコンセプトは2種類あります。1つが投資先です。先ほどの日本の債券市場、日本の株式市場、外国の債券市場、外国の株式市場などです。

2つ目のコンセプトが投資方針です。投資方針の違いによって、インデックス型とアクティブ型と呼んでいます。

インデックス型というのは、前述したそれぞれの市場の動向を示す指数に連動することを投資方針とした投資信託です。指数はいわばその市場の平均値を表すものですから、インデックス型の投資信託はその市場の平均リターンを目指して運用を行

※他にも新興国の債券や株式、不動産や金や原油といった商品が投資先であるものなどいろいろあります。ただし、これから投資を始めようという人であれば、基本の4資産（国内外の債券と株式）をまずは理解すれば十分です。

うのです。例えば日本の株式市場の動向を示すＴＯＰＩＸは、日本を代表する企業２０００社ほどの株価の平均ですから、日本のエリート企業の株価の平均を狙うのと同じです。

一方アクティブ型は、投資のプロが投資家からお金を預かって運用するのだから、平均以上のリターンを狙っていこうというのがコンセプトです。このコンセプトの投資信託の運用責任を負うファンドマネージャーは、チームを組んでより緻密なリサーチをしたりしてファンドの成績を上げようと努力をしていきます。その結果としてインデックス型とアクティブ型を比較すると後者の方が手数料が高くなる傾向にあります。

投資信託の手数料はどのくらい？

投資信託には３つの手数料があります。買うときにかかる販売手数料、持っている間にかかる信託報酬、売るときにかかる**信託財産留保額**という手数料です。インデックス型とアクティブ型におけるこの３種類の手数料はそれぞれアクティブ型の方が高い傾向にあります。巻では「インデックス投資」を推奨するような書籍などもたくさんでています。その理由の１つがこれらの手数料です。手数料は確実に投資家の利益を減らすものです。例えば証券会社でアクティブ型の投資信託を買うと３・24％の販売手数料がかかります（商品によって異なります）。また投資信託を保有している間、日々かかる手数料、信託報酬もかかります。こちらも商品により手数料率は異なりますが、仮に年２％だとしましょう。すると１年間で５％以上の手数料を負担することになるので、その分利益を上げなければ損をしてしまいます。さらに商品によっては売却するときに信託財産留保額がかかることもあります。

●**信託財産留保額**
投資信託を解約する際にかかる手数料のこと。

5-05 インデックス型とアクティブ型の違い

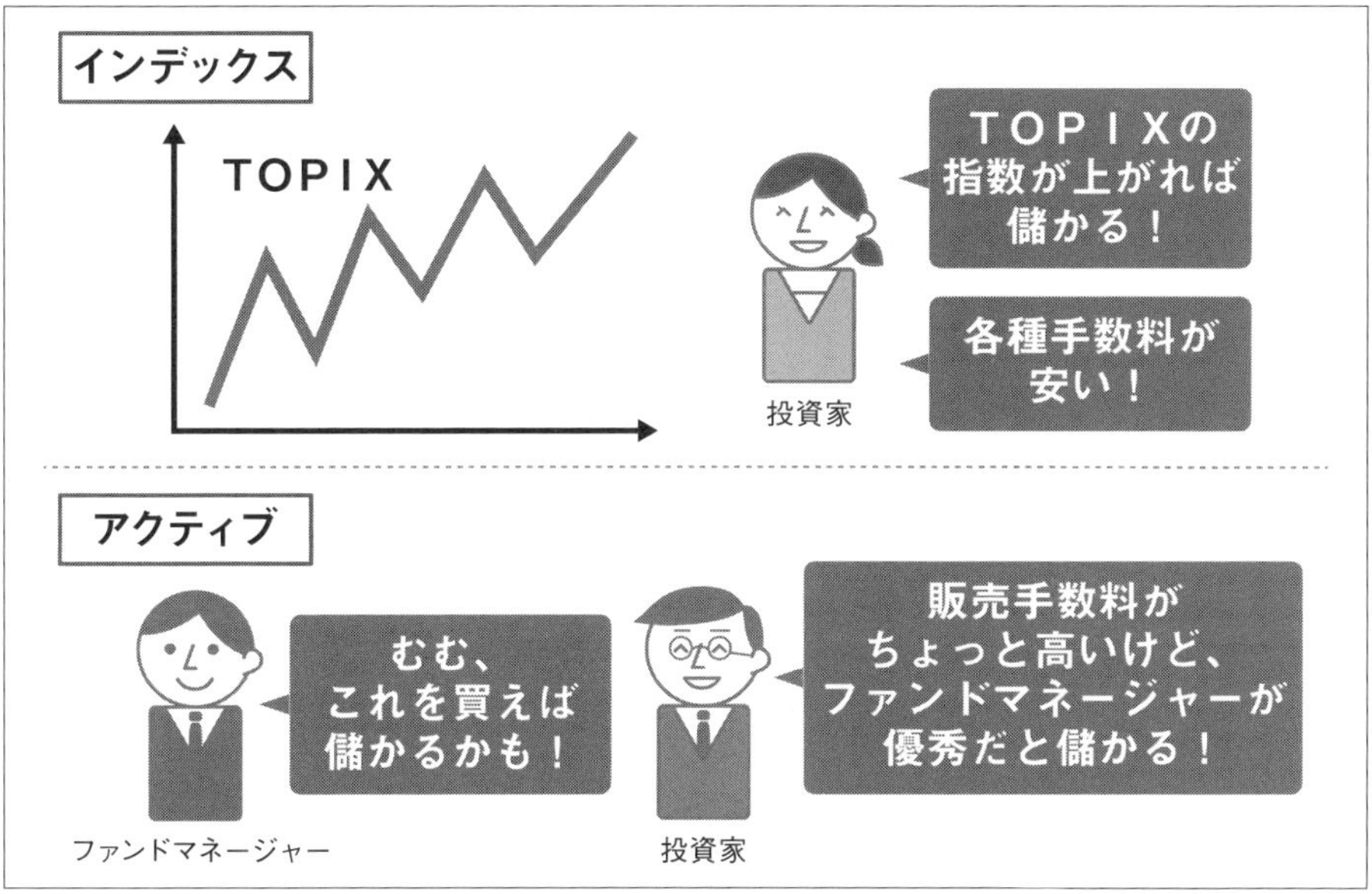

一方同じ投資先であってもインデックス型であれば、販売手数料がかからない商品があったり、信託報酬も0.5％程度であったり、信託財産留保額もかからない場合も多いのです。もし投資の成績がインデックスもアクティブも同じであれば当然手数料の少ない方が投資家の利益は大きくなります。

確定拠出年金で用意されている投資信託は、インデックス型もアクティブ型も販売手数料がかかりません。また同じ投資信託であっても確定拠出年金用に用意された商品は信託報酬も割安となっていることが多いです。その点でも確定拠出年金はメリットが大きいといえます。

04 株式市場と債券市場はどうしてリスクとリターンが違うのか？

107ページとの比較のため、同じ時期での日本の株式市場（TOPIX）の動きを見てみます。図版5－06を参照してください。

先ほどの債券市場の動きと比べるとリターン4％、リスク18・3％となっており、大分ブレ幅が大きいことが分かります。4％を中心に22・3％からマイナス14・3％までの間のリターン（マイナス含めて）約70％もあるわけですから、債券と比べると株式はリスクが大きいといわれるのです。

参考までに図版5－06で日経225の同じ時期の市場の動きも挙げました。

ちなみにTOPIXとは東証一部上場企業の全銘柄を対象とした株価指数で、1968年1月4日の時価総額を100としてポイントで表します。東証一部上場企業は2016年7月現在1976社です。同じ日本の株式市場の動きを表す日経225という指数がありますが、こちらは東証一部に上場している企業の中から業種などを考慮して選ばれた225社の株価の平均です。一部上場企業の中でも特に大型の株が選ばれているので、その影響を受けます。いずれも日本の株式市場の傾向を示す指数として馴染みがある言葉かと思います。

5-06 ＴＯＰＩＸと日経 225 のリスクとリターン

TOPIX*3

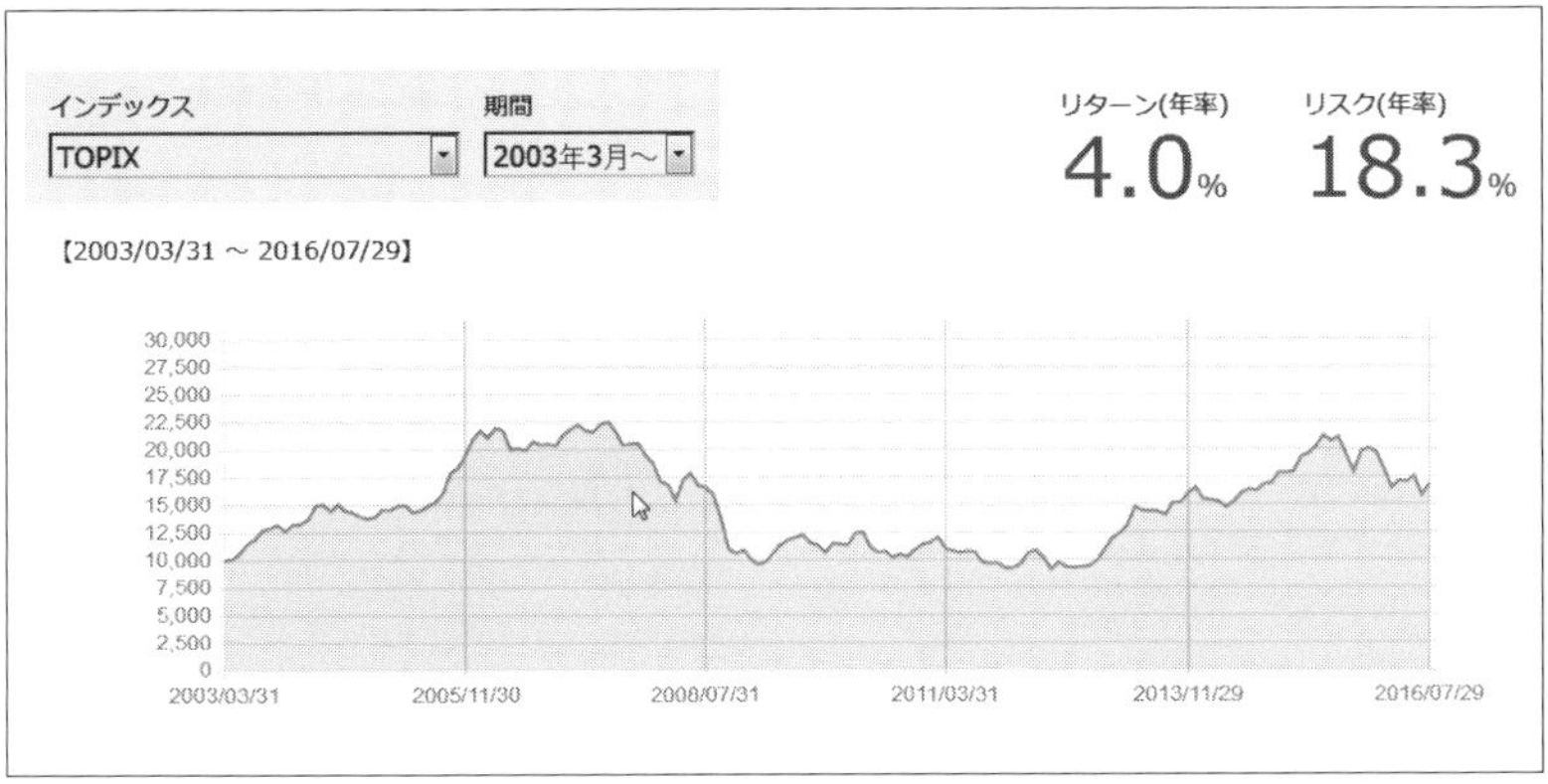

日経225*4

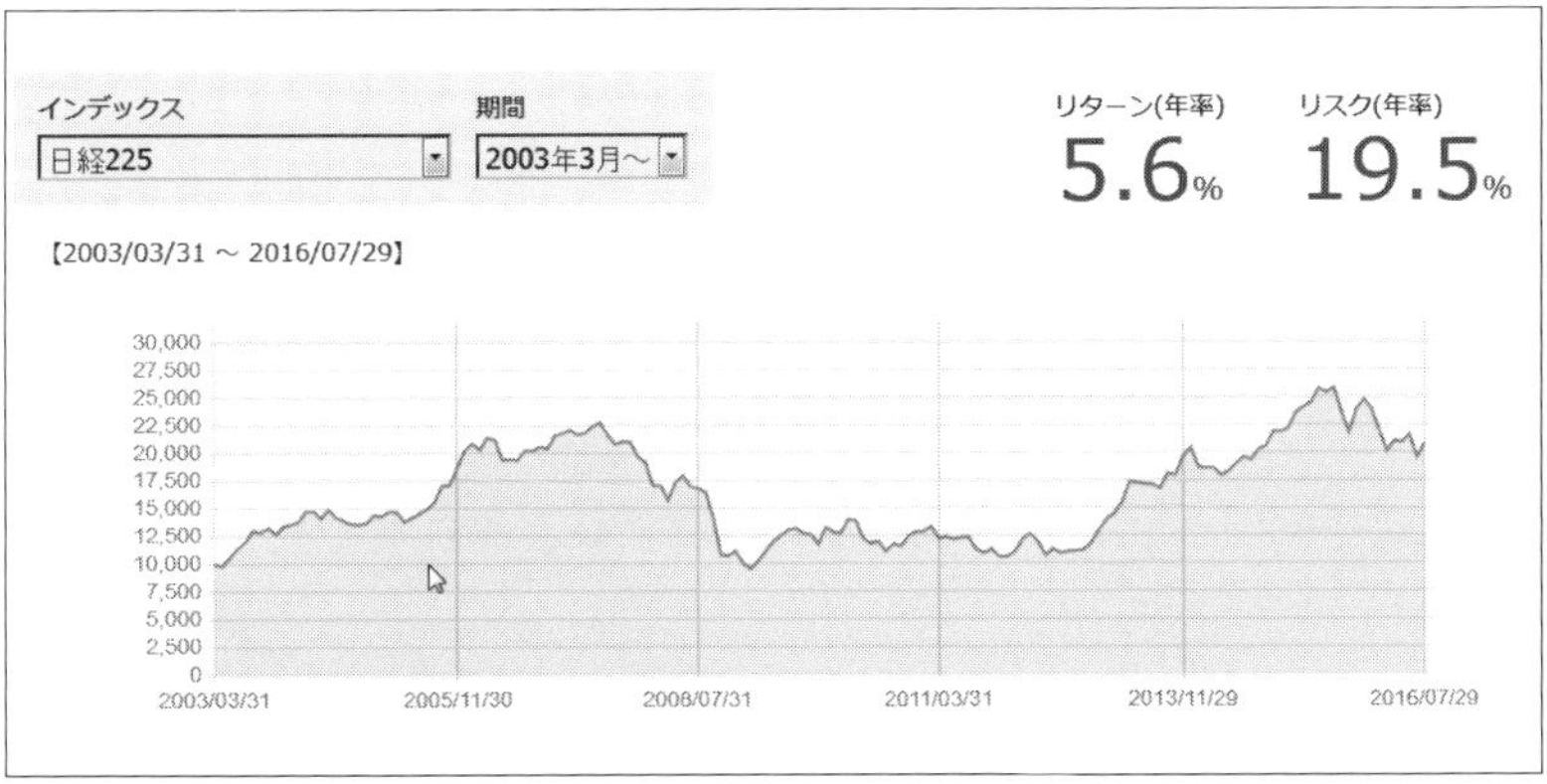

※いずれも2003年3月～ 2016年7月までのデータ
出所：投信アシスト（http://fas.qri.jp/services/Query?SRC=fund-assist/index/base）

＊3 東証株価指数（ＴＯＰＩＸ）の免責事項及び指数著作権については１２２ページを参照。

＊4 日経平均株価（日経２２５）の免責事項及び指数著作権については１２２ページを参照。

債券と株式の値動きが違う理由

日本国内の市場であっても債券と株式はここまで値動きが異なります。なぜならば投資している対象が正反対の性質をもっているからです。

債券市場に投資をするということは、お金を貸すという意味です。貸し先が国であれば国債、地方であれば、地方債、会社であれば社債となります。お金を貸すので、当然償還（元金を返してもらう）と金利があります。貸し手は、貸した先がきちんと金利と元金を返済する能力がある健全なところなのかどうかを見極めた上で投資をします。見極めをする際の指標がＡＡＡなどで表現される**格付け**です。債券市場の代表的な指数の1つがＮＯＭＵＲＡ－ＢＰＩ総合といい、国内で流通する公募の債券の値動きを表しています。

一方、株式市場に投資をするということは、会社に資金を提供することです。今後の成長に期待が持てる会社に資金を提供し、経営がうまくいったらその利益の配当を受けたり、売却して投資資金を回収し利益を確定したりします。反対に、経営がうまくいかなくなった場合、資金回収は見込めなくなります。日本の株式市場の値動きを示す指標が先ほどのＴＯＰＩＸであり、日経225です。

このように債券と株式はそもそもの投資の目的、方法が全く違うものなのです。したがって、期日が来れば原則元本の回収ができ、資金を貸している期間中ずっと固定で金利が受けられる債券は安定した収益が見込めますが、資金提供である株式は大きな利益が期待できる反面大きな損失もあり得るのです。これが2つの市場のリターンとリスクの違いです（実際

●**債券の格付け**
債券の元利金（元本と利息を合わせたもの）を支払える能力の確実性を格付会社が評価し、ランキング化したもの。

5-07 外国株式のリスクとリターン

外国株式＊5

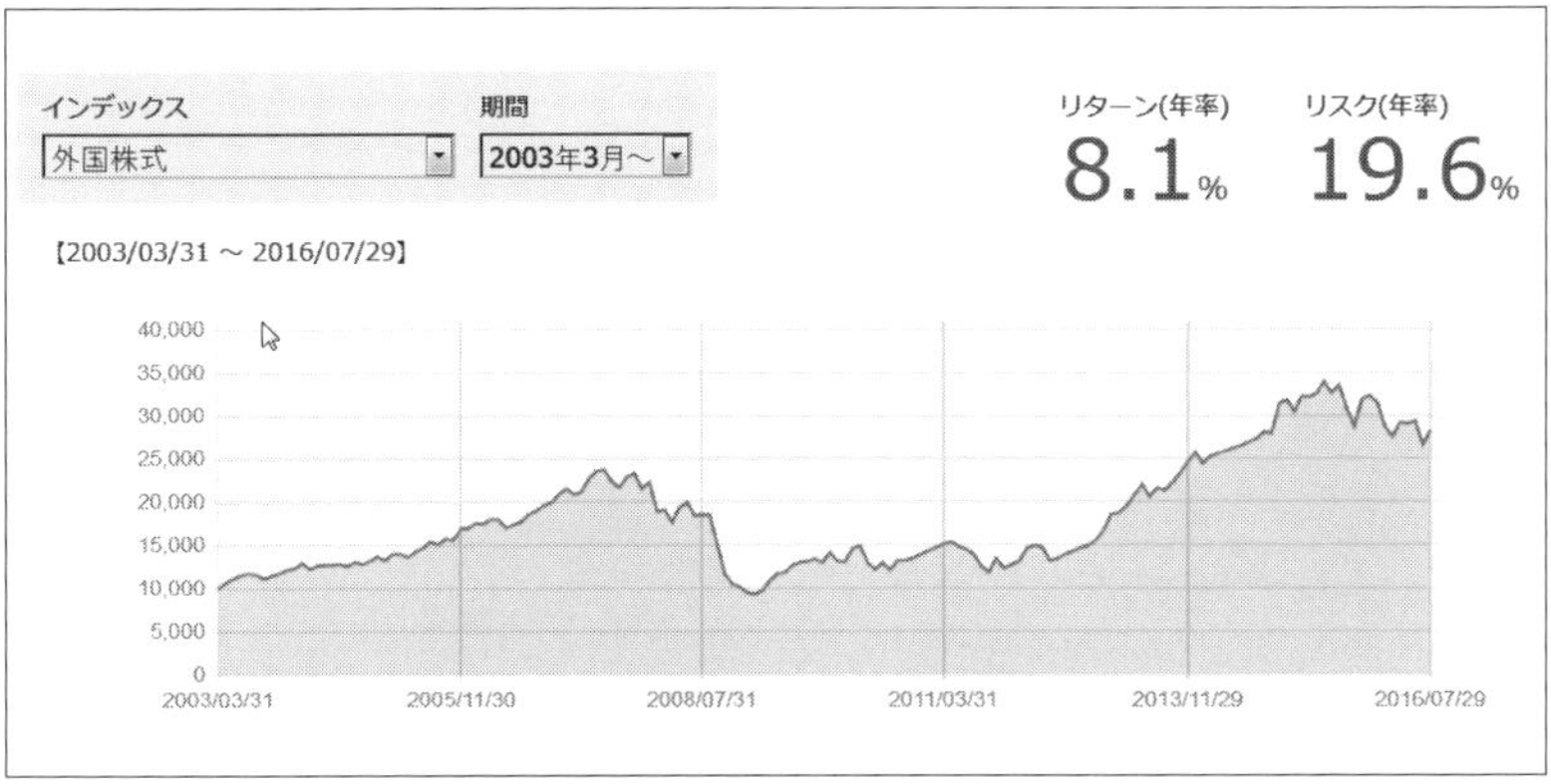

※いずれも2003年3月～ 2016年7月までのデータ
出所：投信アシスト（http://fas.qri.jp/services/Query?SRC=fund-assist/index/base）

の債券市場では償還まで単に保有するのではなく、**償還前の売買**も行われています)。

為替の影響を受けると大きく振れる

今度は外国の株式市場の動向を見てみましょう。図版5－07を見てください。

リスクは日本の株式と同じくらいですが、リターンは大きいですね。過去において、日本の株式市場より外国の株式市場の方が大きく成長したということが分かります。外国株式の動向を示す指標はMSCIコクサイといい、日本を除く先進22カ国の株式市場の動向を知ることができます。

次は外国の債券市場の動きです。図版5－09を見てください。こちらは円で価値を示したものです。

そして図版5－09にある「**為替ヘッジ型**」は、為替のリスクを取り除いたもので示したグラフです。

●**債券の償還前売却**
債券は償還まで待てば元金全額が返済されますが、償還前に売却をすることもできます。その際は市場の影響を受け、債券の価格が上がったり下がったりします。実際の市場ではこの価格変動を利用して債券の売買を行い、利益を得ています。株価が上昇しているときは債券の価格は下がり、株価が下落しているとき、債券の価格は上がる傾向にあります。

＊5
外国株式：MSCI－KOKUSAI指数（円換算ベース・為替ヘッジなし）の免責事項及び指数著作権については122ページを参照。

●**為替ヘッジ**
海外の株式や債券に投資する投資信託は、その国の通貨で運用されるため為替の変動で運用成績が変動します。この為替変動による価格変動のリスクを抑える仕組みが為替ヘッジです。

5-08 基本の４資産の動向を示す指標

資産	指標
日本の株式	TOPIX、日経 225
日本の債券	NOMURA BPI
外国の株式	MSCI コクサイ
外国の債券	シティ世界国債インデックス

どうでしょうか？　グラフの形がとても違うことが分かると思います。外国の債券であったとしても債券の特徴は同じです。債券というものは基本的には少しずつ利益が積み重なっていくものです。しかし円換算してしまうと、為替の影響を受けてしまうので、先のグラフのようにリスクが大きくなります。円ベースでのリスク９・７％と為替ヘッジ（為替のリスクを排除したもの）のリスク３・７％の差分の６％が為替リスクという意味です。

一方で為替の影響を受ける方が平均リターンも大きくなっています。日本から見ると円の価値が高いとき（円高）に仕入れ、円の価値が低くなったとき（円安）で売却すると為替利益が得られますから、その影響が差分の約１％ということです。ちなみに外国債券の動向を示す代表的な指標の１つにシティ世界国債インデックスがあります。

外国債券・為替ヘッジ型＊6

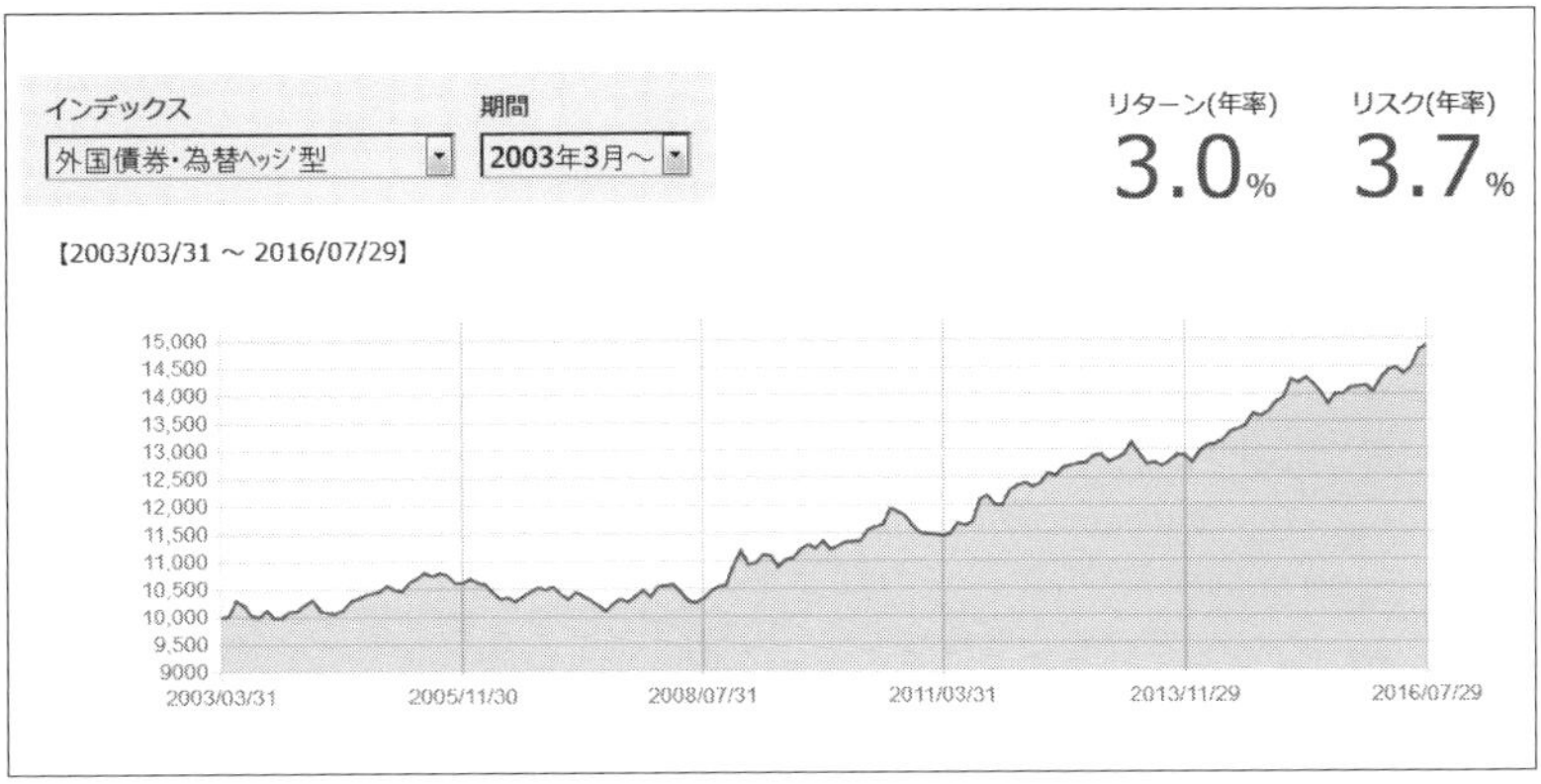

外国債券＊7

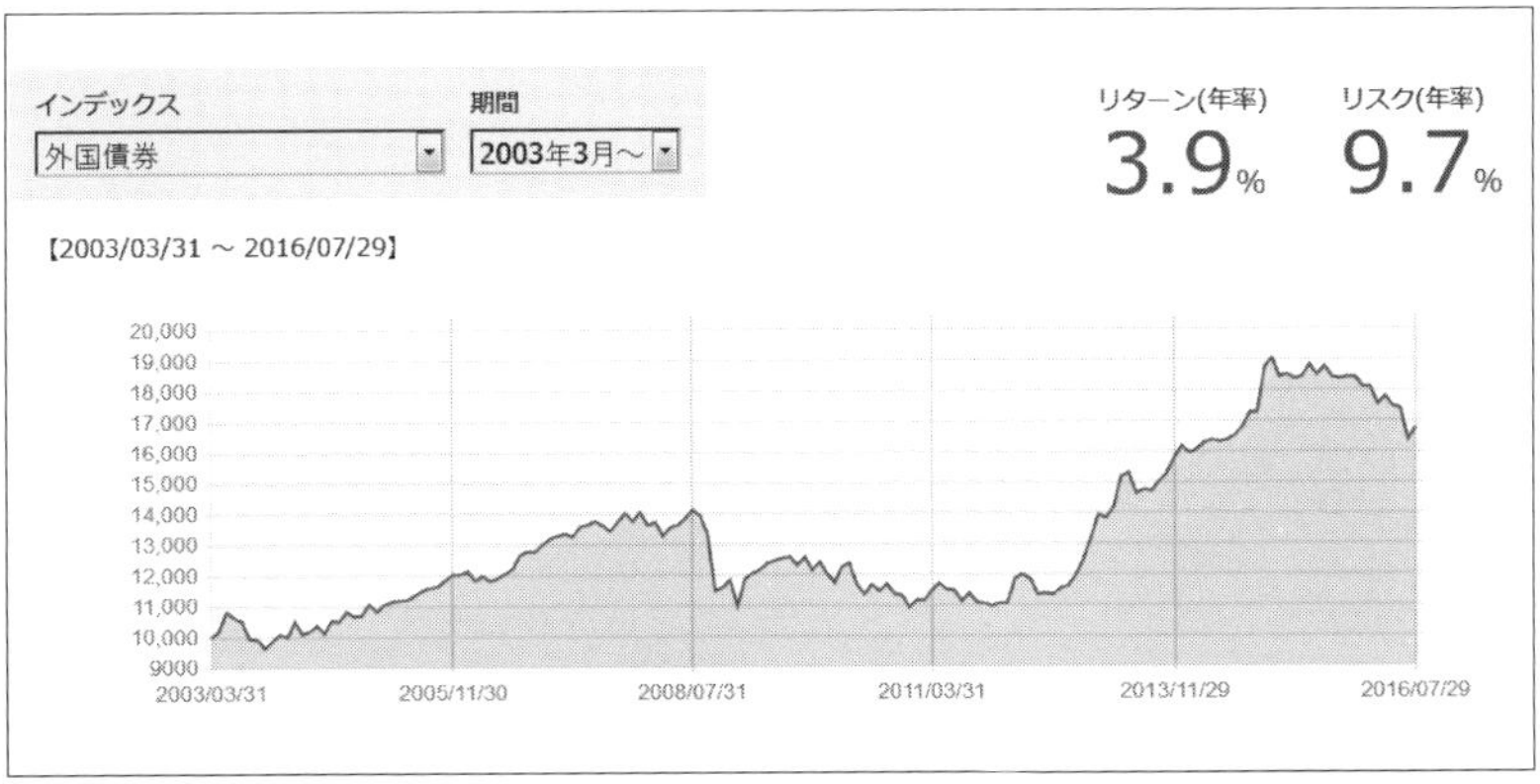

※いずれも2003年3月～ 2016年7月までのデータ
出所：投信アシスト（http://fas.qri.jp/services/Query?SRC=fund-assist/index/base）

＊6 外国債券・為替ヘッジ型：シティ世界国債インデックス(除く日本、円ヘッジ・円ベース)の免責事項及び指数著作権については122ページを参照。

＊7 外国債券：シティ世界国債インデックス（除く日本、ヘッジなし・円ベース）の免責事項及び指数著作権については122ページを参照。

各指標の免責事項及び指数著作権について

＊1

投信アシストのサービスの提供は、野村アセットマネジメント株式会社が行っております。投信アシストは、過去の指数データを用いて、積立等の各種シミュレーションの計算を行うものです。投信アシストは、野村アセットマネジメントが提供する指数データに基づいて野村アセットマネジメントが計算・作成したものであり、内容について事前の連絡なしに変更される場合があります。投信アシストは、過去の指数データから算出された数値を用いて一定の仮定のもとに試算を行うものであり、手数料、税金等は考慮しておらず、実際の計算とは異なります。入力された取引と全く同様の取引を現実に行った場合でも、投信アシストで表示される結果と現実の結果が一致しない場合があります。

投信アシストは、投資勧誘を目的とするものではなく、シミュレーション等に基づく参考表示による、情報提供を目的とするものであり、金融商品取引法に基づく開示書類ではありません。

＊2

NOMURA-BPI 総合の知的財産権とその他一切の権利は野村證券株式会社に帰属しています。また、同社は当該指数の正確性、完全性、信頼性、有用性を保証するものではなく、ファンドの運用成果等に関して一切責任を負いません。

＊3

東証株価指数（TOPIX）は、株式会社東京証券取引所の知的財産であり、指数の算出、指数値の公表、利用など同指数に関するすべての権利は、株式会社東京証券取引所が有しています。なお、本商品は、株式会社東京証券取引所により提供、保証又は販売されるものではなく、株式会社東京証券取引所は、ファンドの発行又は売買に起因するいかなる損害に対しても、責任を有しません。

＊4

「日経 225」に関する著作権、並びに「日経」、「日経 225」及び「日経平均」の表示に対する知的財産権その他一切の権利は、日本経済新聞社に帰属します。また、日本経済新聞社は、「日経 225」の内容を変える権利及び公表を停止する権利を有しています。

＊5

MSCI 指数は、MSCI が独占的に所有しています。MSCI 及び MSCI 指数は、MSCI 及びその関係会社のサービスマークであり、野村アセットマネジメント株式会社は特定の目的のためにその使用を許諾されています。ここに記載されたいかなるファンドも、MSCI、MSCI の関連会社及び MSCI 指数の作成または編集に関与あるいは関係したその他の当事者のいかなる者がその合法性および適合性に関して判断したものではなく、また、これを発行、後援、推奨、販売、運用または宣伝するものでもなく、ここに記載されたいかなるファンドに関していかなる保証も行わず、いかなる責任も負いません。請求目論見書には、MSCI が野村アセットマネジメント株式会社およびその関連するファンドと有する限定的な関係について、より詳細な記述があります。

＊6および＊7

シティ世界国債インデックス（除く日本、ヘッジなし・円ベース）、シティ世界国債インデックス（除く日本、円ヘッジ・円ベース）は、Citigroup Index LLC の知的財産であり、指数の算出、数値の公表、利用など指数に関するすべての権利は、Citigroup Index LLC が有しています。

第6章 確定拠出年金の運用商品を選ぼう

実践編

01

お金を運用商品に振り分ける配分指定とは？

確定拠出年金の申し込みが完了すると、いよいよ口座からの掛金引き落としがあり、運用が始まります。ただし確定拠出年金の場合、「加入者が運用商品を決める」という大事なプロセスがありますので、解説していきます。

運用商品は、掛金の額に関わらずいくつでも選べます。選ぶ商品の数に制限はありません。例えば毎月の掛金1万円で5つの異なる商品を購入することもできます。その場合、5つの商品を購入する配分を指定します。この作業を「配分指定」といいます。

配分指定は割合で行います。例えば、毎月の掛金1万円で、Aを20％、Bを10％、Cを50％、Dを5％、Eを15％、合計100％と指定します。すると実際の買付は、Aが2000円、Bが1000円、Cが5000円、Dが500円、Eが1500円、合計1万円となります。

なぜ割合で指定するかというと、今後掛金に変動があった際に金額で指定していると、買付の指示と資金が合わずお金がだぶついてしまうこともあるからです。その点、割合にしていれば、掛け金額が変わったとしても合計100％になっていれば問題なく買付をすることができます。

商品買付後の資産残高などは運営管理機関が指定する**ＷＥＢサイトの個人ページ**でいつで

※第1回目の商品購入の手続きが遅れると、掛金は「デフォルト商品」の買付に回ります。デフォルト商品は定期預金などの元本確保型商品が一般的ですが、そうでない場合もあります。

●**ＷＥＢサイトの個人ページ**
資産残高の推移や運用商品の最新情報などの大切な情報が記載されているので、使い方がわからなければコールセンターで教えてもらいましょう。

6-01 配分指定のイメージ

運用商品名	商品番号	配分割合	1万円/月の掛金
Aファンド	001	20%	→ 2,000円の買付
Bオープン	005	10%	→ 1,000円の買付
C保険	007	50%	→ 5,000円の買付
D年金	012	5%	→ 500円の買付
Eファンド	023	15%	→ 1,500円の買付

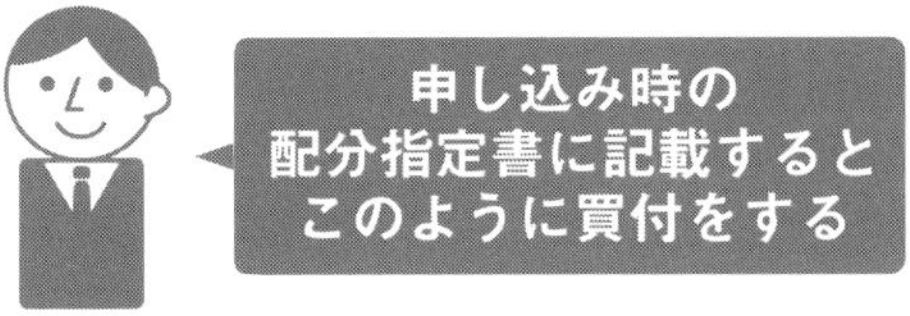
申し込み時の
配分指定書に記載すると
このように買付をする

も確認することができます。

配分指定の見直しはいつでもできる

配分指定は加入後に何度でも変更することが可能です。買付商品の一部入れ替え、全部入れ替えなどもできます。ただし運用商品の変更にあたり、２つの言葉を覚える必要があります。「配分変更」と「スイッチング」です。

配分変更というのは、翌月の積立時の「配分」を指定しなおすという意味です。例えば４月、５月、６月の３カ月間はAを20%、Bを10%、Cを50%、Dを５%、Eを15%、合計１００%で買付したとします。しかし、７月からはAの買付をやめ、Bを30%に増やし、その他は同じに配分で買付したいということであれば、Aを０%、Bを30%と「配分変更」し、残りのC、D、Eはそのままにします。この指示により、７月以降Aの買付はストップしますが、４月、５月、６月に２０００円ずつ買付したAの残高はそのまま口座に残ります。

スイッチングというのは、それまで買付をした商品の残高の一部あるいは全部を売って、その資金で違う商品を購入することです。

例えば、先程の例でいうと、Aは過去3カ月間2000円ずつで商品買付を行っていたため、資産残高は6000円です（金利など考慮せず）。このAを全部売却してその資金で新しい商品Fを6000円購入する、これがスイッチングです。スイッチングをする場合、投資信託によっては解約時に信託財産留保額がかかる場合もあります。

Aの商品を新規で買付をするのはやめたいが、残高はそのまま残しておきたいという場合は、配分変更のみで手続きは終了ですが、翌月からAの買付もやめて、残高もすべて売却したいという場合、配分変更をしてスイッチングもします。

時間がかかるスイッチング

この場合の注意点は、配分変更の指示の締め切りとスイッチングのタイミングです。配分変更は翌月の買付の指示なので、締め切りがあります。掛金が指定口座から引き落とされるのが毎月26日です。引き落とし日の13営業日後に運用商品が購入されます。そのため配分変更の締め切りは、掛金引き落とし日から5営業日後までとなります。それ以降の配分変更の指示は翌月の買付時の変更となります。

スイッチングについては、配分変更のような締め切り日はなく、いつでも行うことができますが、その指示が実行、完了されるまで数日かかります。まずAを売却してFを購入する

6-02 配分変更とスイッチングのイメージ

配分変更

運用商品名	配分割合（6月まで）
Aファンド	**20%**
Bオープン	**10%**
C保険	**50%**
D年金	**5%**
Eファンド	**15%**

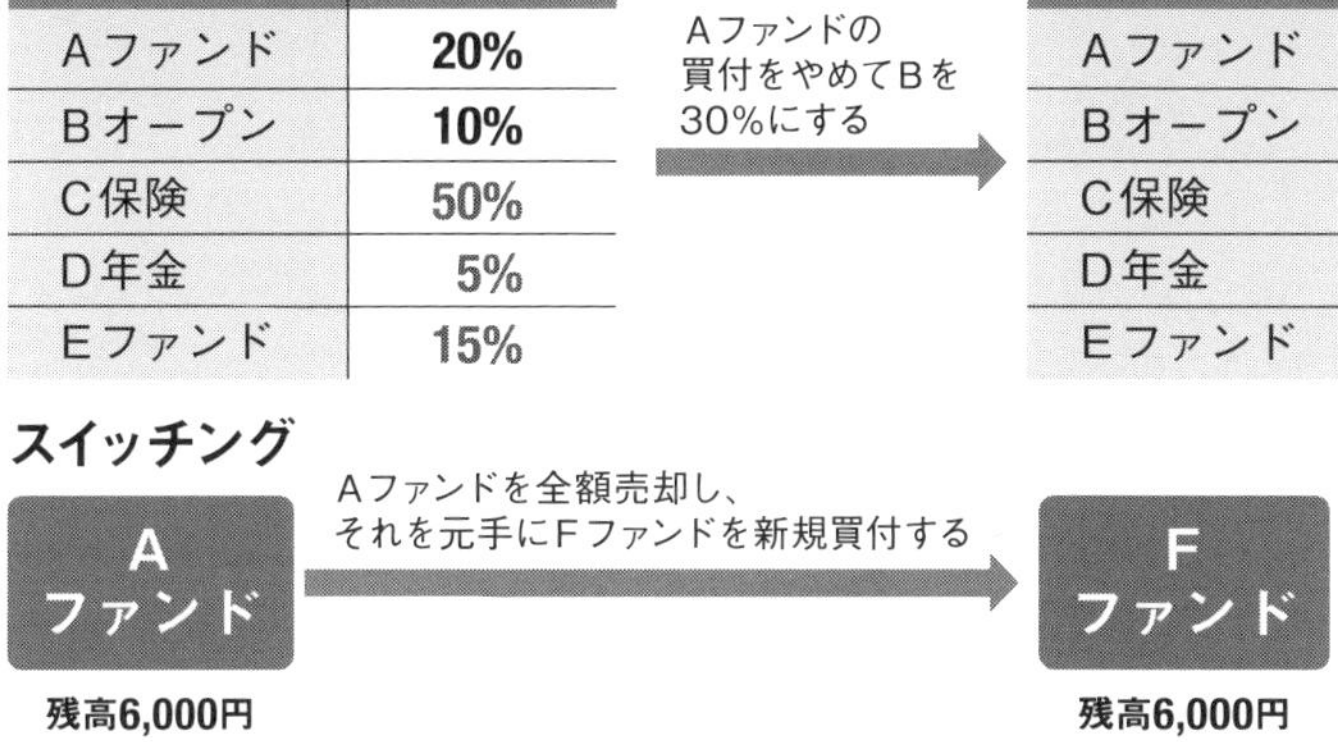

Aファンドの
買付をやめてBを
30%にする
スイッチング
Aファンドを全額売却し、
それを元手にFファンドを新規買付する
A
ファンド
残高6,000円
F
ファンド
残高6,000円

運用商品名	配分割合（7月から）
Aファンド	**0%**
Bオープン	**30%**
C保険	**50%**
D年金	**5%**
Eファンド	**15%**

という指示を出すとAの売却が行われます。しかし売却の値段、お金の受け渡しが終了するまで数日かかります。またこの日数は商品によって異なります。次にFの購入が実行されるわけですが、Aの売却資金が確定しないと購入ができないので、ここにも数日かかることがあります。

特に投資信託は1つの商品の中で（例えば株式など）たくさんの銘柄に分散投資をしているため、それぞれの銘柄の市場での取引が終了したあと、その終値を集計をしないと投資信託の値段が決まらないという特徴があります。海外で取引されている銘柄に投資していたりすると海外の市場のスケジュールなどの関係もあり、結構手続きに日数がかかるのです。指示は1回で済みますが、すべての手続きが完了するまで時間がかかることは、覚えておきたい重要ポイントです。

02 預けっぱなしで大丈夫？元本確保型商品の注意点

一般的に元本確保型商品は定期預金と保険商品の2種類です。

確定拠出年金の定期預金の金利は毎月見直しされます。毎月新しい定期預金を作るため、スタート月の違いにより全く異なる金利の預金をすることになります。定期預金の金利は買付の際の金利が満期日まで続きますが、翌月の定期預金は全く別物で金利も異なるという点は、よく誤解しやすい確定拠出年金独特のルールです。

例えば図版6－03の資料をみると2016年3月の1年定期の金利は0・01％ですが、2016年2月の適用利率は0・02％で、その前月は0・025％です。2010年7月は0・07％付いていたわけですから、定期預金に預けっぱなしにしていると意外にこの金利の変動に気付かないままでいることも多いのです。

※確定拠出年金の商品説明資料はだいたい似通ったフォーマットになっています。本書ではSBI証券の商品説明資料を例に解説します。

中途解約で元本割れも？

更に気を付けたいのは中途解約の取扱いです。例えば毎月1万円ずつ積み立てて、10カ月経過した時点で資産残高10万円をスイッチングしたいとします。この定期預金は1年満期ですから10カ月前の掛金で購入した定期預金は満期まであと2カ月残っていますし、翌月の掛金で購入した定期預金は満期まであと3カ月残っている状態です。するとこの時点でのス

6-03 月によって金利が違うので注意しよう

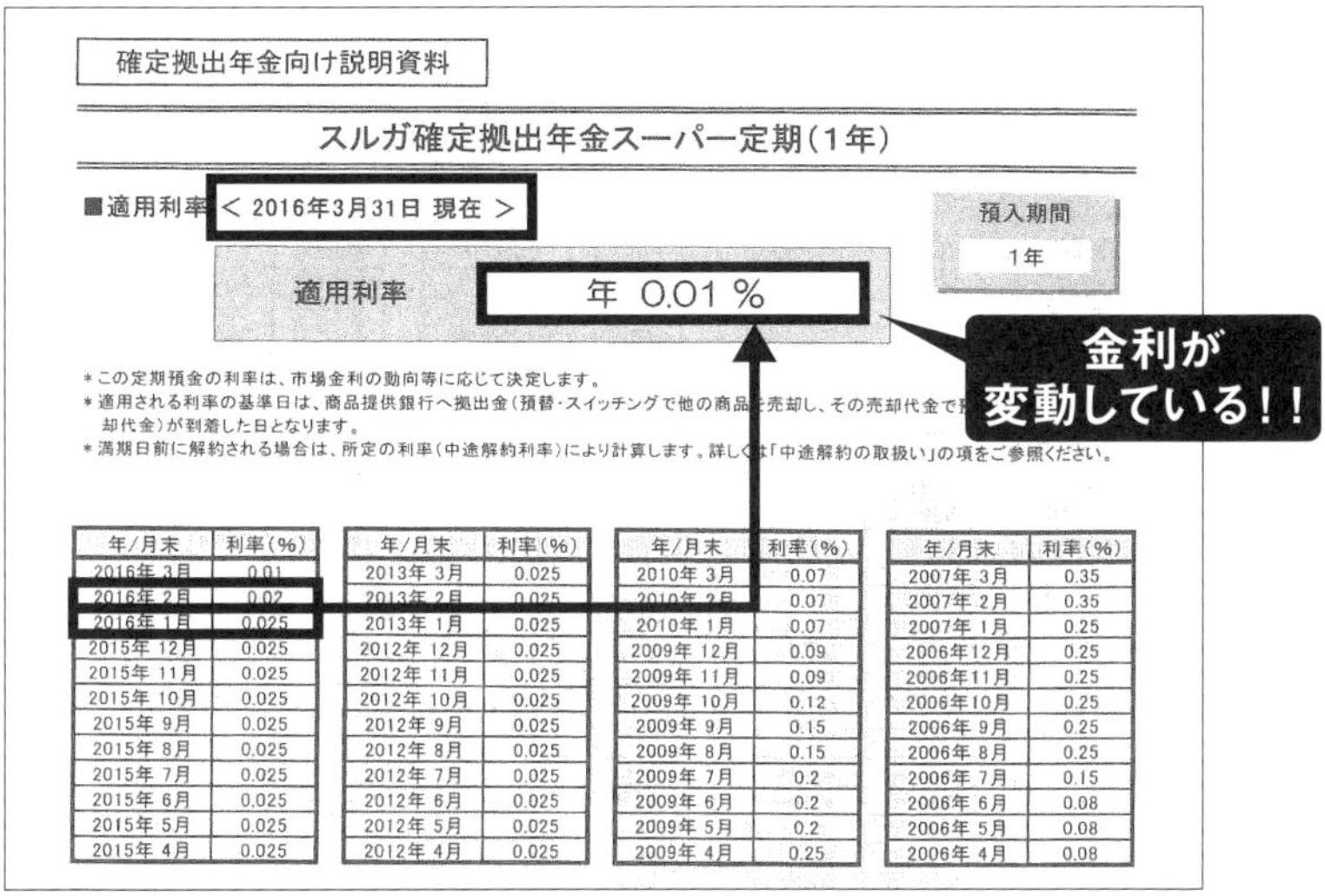

確定拠出年金向け説明資料

スルガ確定拠出年金スーパー定期（1年）

■適用利率 ＜ 2016年3月31日 現在 ＞

預入期間 1年

適用利率 年 0.01 %

＊この定期預金の利率は、市場金利の動向等に応じて決定します。
＊適用される利率の基準日は、商品提供銀行へ拠出金（預替・スイッチングで他の商品を売却し、その売却代金で
却代金）が到着した日となります。
＊満期日前に解約される場合は、所定の利率（中途解約利率）により計算します。詳しくは「中途解約の取扱い」の項をご参照ください。

年/月末	利率（%）
2016年 3月	0.01
2016年 2月	0.02
2016年 1月	0.025
2015年 12月	0.025
2015年 11月	0.025
2015年 10月	0.025
2015年 9月	0.025
2015年 8月	0.025
2015年 7月	0.025
2015年 6月	0.025
2015年 5月	0.025
2015年 4月	0.025

年/月末	利率（%）
2013年 3月	0.025
2013年 2月	0.025
2013年 1月	0.025
2012年 12月	0.025
2012年 11月	0.025
2012年 10月	0.025
2012年 9月	0.025
2012年 8月	0.025
2012年 7月	0.025
2012年 6月	0.025
2012年 5月	0.025
2012年 4月	0.025

年/月末	利率（%）
2010年 3月	0.07
2010年 2月	0.07
2010年 1月	0.07
2009年 12月	0.09
2009年 11月	0.09
2009年 10月	0.12
2009年 9月	0.15
2009年 8月	0.15
2009年 7月	0.2
2009年 6月	0.2
2009年 5月	0.2
2009年 4月	0.25

年/月末	利率（%）
2007年 3月	0.35
2007年 2月	0.35
2007年 1月	0.25
2006年12月	0.25
2006年11月	0.25
2006年10月	0.25
2006年 9月	0.25
2006年 8月	0.25
2006年 7月	0.15
2006年 6月	0.08
2006年 5月	0.08
2006年 4月	0.08

出所：ＳＢＩ証券個人型年金プラン 確定拠出年金商品説明資料（運用編）

イッチングは満期日に前に解約、売却することになるので**中途解約利率**が適用になるのです。定期預金の場合、中途解約をしても元本割れになることはありませんが注意したい点です。

保険商品についても注意点は原則定期預金と同じです。毎月新しい契約を始めることになるので、適用利率の変動と満期日前のスイッチングの取扱いに注意が必要です。特に保険の場合、満期日前の解約では**解約控除額**というペナルティがかかり、場合によっては元本割れになることもあるので要注意です。

●中途解約利率
「期日前解約利率」ともいいます。定期預金などで満期を迎える前に解約する際に適用される利率のことです。

●解約控除額
保険料を支払った期間が短い場合などに、解約の際に戻ってくる「解約払戻金」から差し引かれる金額のこと。場合によっては、元本を割り込むこともありますから、解約の際はコールセンターなどへ確認しましょう。

※満期で元本が割れることはないが中途解約すると元本割れがあり得る場合、「元本保証型商品」と呼ばず「元本確保型商品」といいます。

03

実践編

分散投資の基礎を理解して賢くリターンを得よう

一般的に失敗しない投資のテクニックといわれている「分散投資」について解説します。図版6－04は「わたしのインデックス」というサイトで参照可能な、過去20年における市場のデータです。もし世界の先進国株式だけに投資をしていたらどうなっていたのかというデータを示しています。リターンは6・9%、リスクは19・5%です。シャープレシオとは投資の効率を表す数字です。大きい数字の方が投資効率が良いことを示しています。

次に、図版6－05の左側を見てください。こちらは世界株だけに投資をするのではなく一部債券にも配分したらどうなっていたのかという検証データです。リターンが6・8%とほぼ世界株単独市場へ投資したときと変わらないのに対し、リスクは17%となっており、世界の株式だけに投資した場合と比べ2・5%も下がっています。さらにシャープレシオも大幅に上昇しています。単純すぎる例ではありますが、これが分散投資の効果です。投資対象を複数組み合わせ分散することによりリスクを低下させることができる。これが失敗しない投資のための知恵です。

同様に、図版6－05の右側を見てください。こちらは、日本株、日本債券、世界株、世界債券に25%ずつ投資をした場合、過去20年間の実績はどうだったのかというデータです。リ

6-04 「わたしのインデックス」で市場データを表示してみよう

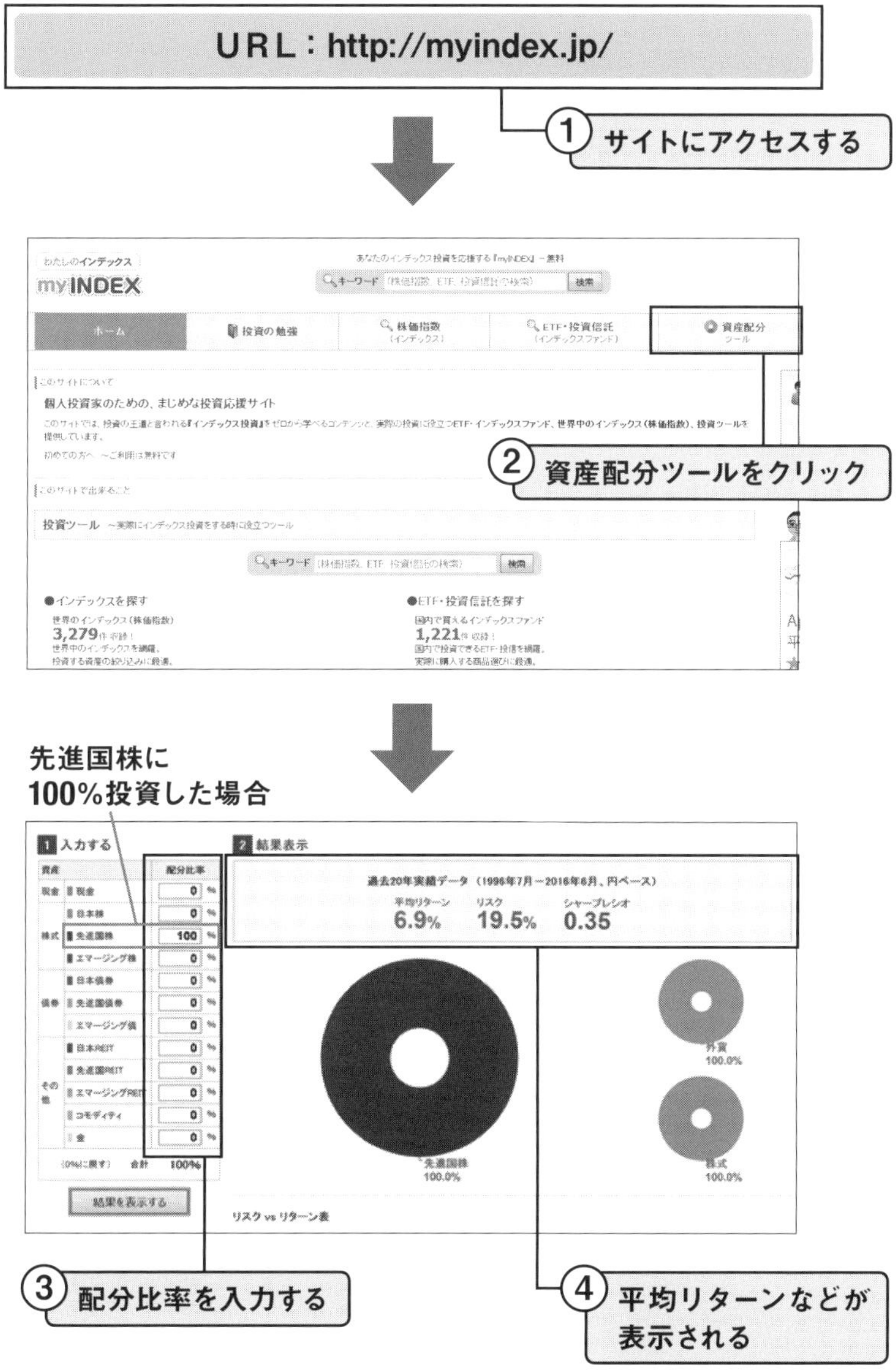

出所：わたしのインデックス　http://myindex.jp/

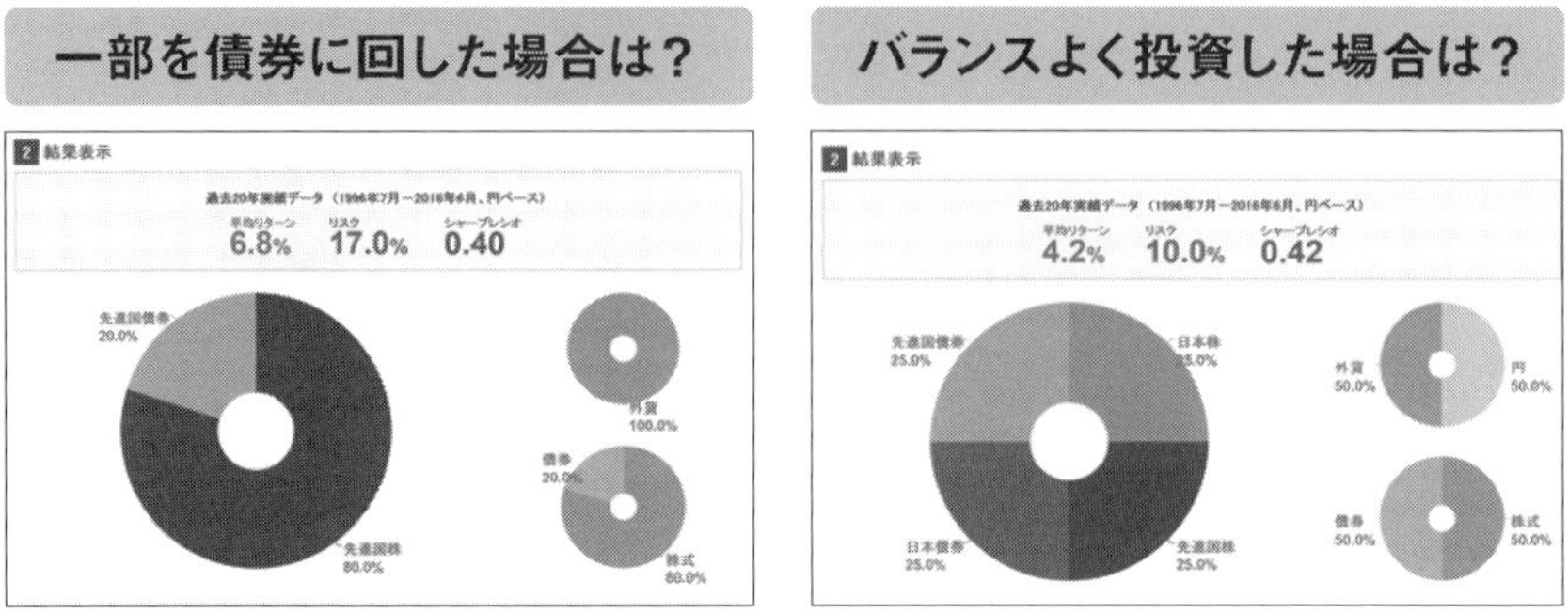

出所：わたしのインデックス　http://myindex.jp/

ターンは4・2％と下がりましたが、リスクも10％とずいぶん抑えられていることが分かります。そしてシャープレシオは0・42と投資効率は世界株式だけに投資をしていたときよりも上がっていることが分かります。

なるべくリスクを抑えよう

最後に、これらのリスクの幅を比べてみましょう。図版6－06を参照してください。同じ70％の確率で起こり得るリターンの変動幅であれば、やはり幅は狭い方が良いと思うのではないでしょうか？　投資の効率を示すシャープレシオの変化を見てもらうと、平均リターン4％程度での運用であっても、過去のデータがリスクを抑えて運用実績が上がったことを教えてくれます。これが分散投資の大切な部分です。

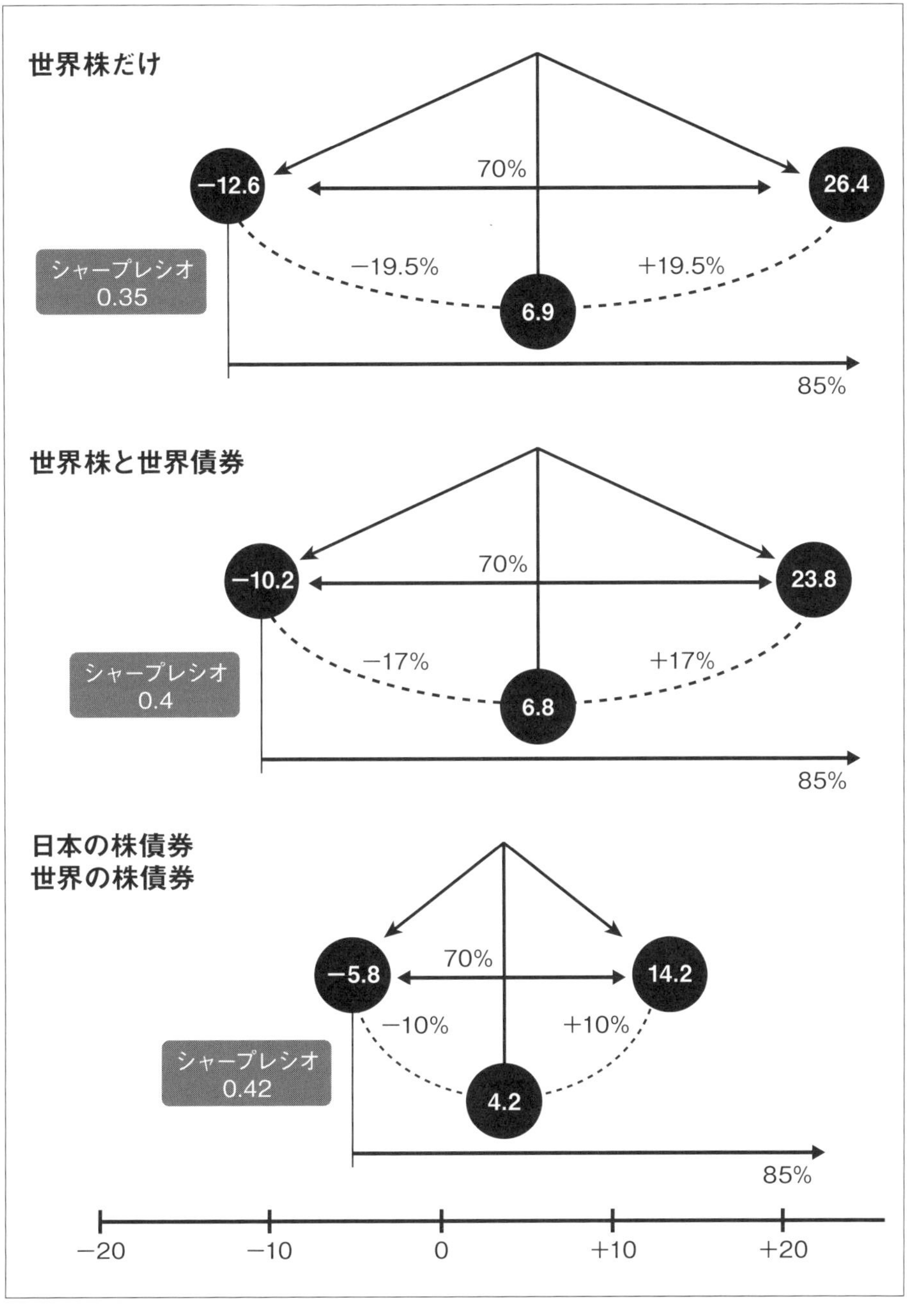
世界株だけ
−12.6
70%
26.4
シャープレシオ
0.35
−19.5%
+19.5%
6.9
85%
世界株と世界債券
−10.2
70%
23.8
シャープレシオ
0.4
−17%
+17%
6.8
85%
日本の株債券
世界の株債券
−5.8
70%
14.2
−10%
+10%
シャープレシオ
0.42
4.2
85%
−20
−10
0
+10
+20

04

実践編

運用商品は「分ける」「比べる」「組み合わせる」で選ぶ

目標となる額を設定しよう

どのような方針で**ポートフォリオ**を考えるべきか、参考になるサイトを紹介します。モーニングスターの「かんたんファンド検索」です。図版6-07を参照してください。サイトのURLと、操作方法を解説します。

今回のケースでは、30歳の人が確定拠出年金で月2万3000円の積立をして、1500万円を目指すとしてみます。

必要な数字を入力すると、目標利回りが「3%以上5%未満」だと表示されました。モデルポートフォリオは、日本株10%、先進国株30%、新興国株10%、先進国債券30%、新興国債券20%となります。

これらは過去の実績から提出されたモデルポートフォリオなので、今後このとおりの利回りが期待できるとも限りませんが、1つの参考値となることは間違いありません。

それではこのポートフォリオに沿った組み合わせが確定拠出年金で可能かどうか確認していきましょう。

●**ポートフォリオ**
金融商品の組み合わせのことを指します。特に具体的な商品の組み合わせのことを指し、ポートフォリオを組む前段階で考えるべきもっと大まかな資産配分のことを「アセットアロケーション」といいます。

6-07 モーニングスターの提供する「かんたんファンド検索」

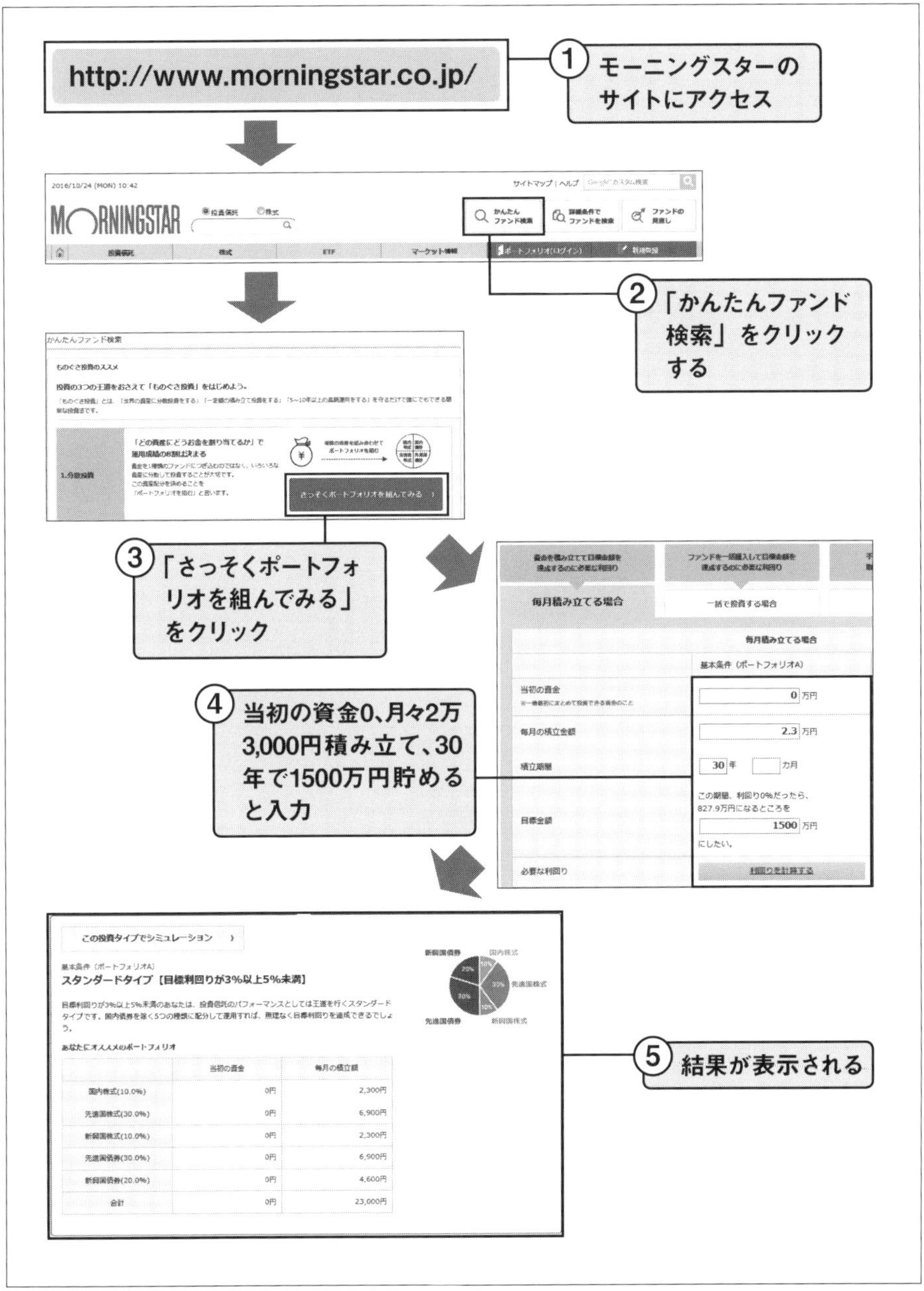

SBI証券のプランだと元本変動型商品は46本あります。この中からモデルポートフォリオに合わせた組み合わせを作れる投資信託を選んでいきましょう。

投資先で「分ける」

まず46本の投資信託を「分けて」いきます。国内株式、外国株式、外国債券、新興国株式、新興国債券の5種類です。その投資信託の投資対象がどこなのかは、商品説明書の「ファンドの特色」の**ベンチマーク**を確認していきます。ベンチマークとは、成績を比較する時の単位のようなもので、通常投資先市場の指標となります。図版6－08を参照してください。

日本の株式に投資をする投資信託の場合、ベンチマークはTOPIXまたは日経225です。世界の株式に投資をする投資信託の場合、ベンチマークはMSCIコクサイです。世界の債券に投資をする投資信託の場合、ベンチマークはシティ世界国債インデックスです。新興国の株式に投資をする投資信託の場合、ベンチマークはMSCIエマージングマーケットインデックスです。新興国の債券に投資をする投資信託の場合、ベンチマークはJPモルガンエマージングマーケットボンドインデックスです。

つまり、ベンチマークが同じもの同士で、46本の投資信託の中から投資対象となりうる数十本を分けるというわけです。投資信託を「分ける」ときは、資料のⒶ「ファンドの特色」という欄のベンチマークをチェックします。

例えばフィデリティ・日本成長株・ファンドのベンチマークはTOPIX（配当金込み）です。したがってこのファンドは「日本の株式に投資をする投資信託」に分類できます。

●ベンチマーク
投資信託を運用するにあたり、その目安とする指標のことです。

ベンチマークを確認しながら商品を投資先ごとに「分ける」

投資対象、ベンチマーク、運用方針が記載されている

確定拠出年金向け説明資料

基準日 2016年3月31日
フィディリティ投信株式会社

フィデリティ・日本成長株・ファンド

元本確保型の商品ではありません

A

◆ファンドの特色

・主な投資対象……国内株式
・ベンチマーク……東証株価指数（TOPIX）（配当金込）
・目標とする運用成果……長期的にベンチマークを上回る運用成果をあげることを目標とします

◆基準価額、純資産総額

基準価額	17,734 円
純資産総額	3,337.8億円

◆資産構成
（2016年2月29日現在）

株式	
東証1部	95.4%
東証2部	1.6%
ジャスダック	1.6%
その他市場	0.3%
株式実質	99.0%
投資信託・投資証券	0.3%
現金等	0.7%

＊比率は純資産総額対比

◆基準価額の推移グラフ

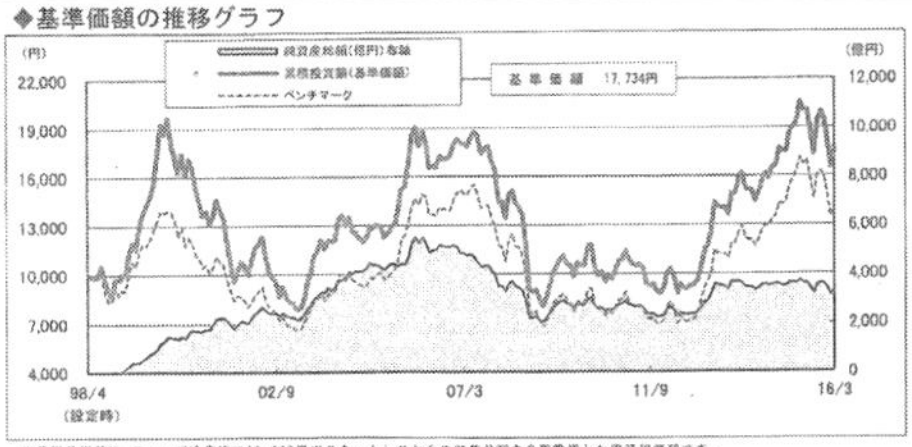

※累積投資額は、ファンド設定時に10,000円でスタートしてからの収益分配金を再投資した資産評価額です。
ただし、購入時手数料および収益分配金にかかる税金は考慮していません。
ベンチマークはファンド設定日前日を10,000円として計算しています。

B

◆ファンド（分配金再投資）とベンチマークの収益率とリスク（標準偏差） （2016年3月末現在）

	3ヶ月	6ヶ月	1年	3年	5年	10年	設定来
ファンド収益率（分配金再投資）	-9.30%	2.22%	-6.85%	11.82%	10.51%	-0.58%	3.23%
ベンチマーク収益率	-12.04%	-3.39%	-10.82%	11.38%	11.47%	-0.57%	1.92%
差異	2.74%	5.61%	3.97%	0.43%	-0.97%	-0.01%	1.31%
ファンドリスク（分配金再投資）				18.31%	18.47%	20.01%	20.78%
ベンチマークリスク				17.56%	18.12%	19.15%	18.24%

＊収益率・リスクともに月次収益率より算出、なお設定日が月中の場合、設定日が属する月の月次収益率は含んでいません。
＊収益率は期間が１年以上の場合は年率、期間が１年未満のものについては年率換算しておりません。

◆組入上位５業種（2016年2月29日現在）

	業種	ファンドのウェイト	ベンチマークのウェイト
1	電気機器	15.7%	11.4%
2	機械	12.7%	4.5%
3	情報・通信業	7.8%	8.4%
4	化学	7.3%	6.0%
5	輸送用機器	6.6%	9.8%

＊ファンドのウェイトは当ファンドの対純資産総額比です。

◆組入上位１０銘柄 （2016年2月29日現在）
（組入銘柄数： 274 ）

	銘柄名	ファンドのウェイト	ベンチマークのウェイト
1	ﾐｽﾐｸﾞﾙｰﾌﾟ本社	4.2%	0.1%
2	ｿﾌﾄﾊﾞﾝｸｸﾞﾙｰﾌﾟ	3.8%	1.6%
3	ﾏｷﾀ	3.8%	0.2%
4	ﾘﾝﾅｲ	3.4%	0.1%
5	三浦工業	2.7%	0.0%
6	東レ	2.3%	0.4%
7	ｷｰｴﾝｽ	1.9%	0.7%
8	ｵﾘｯｸｽ	1.8%	0.5%
9	横河電機	1.8%	0.1%
10	ﾃﾞｨｽｺ	1.8%	0.1%
	上位10銘柄合計	27.4%	

＊ファンドのウェイトは当ファンドの対純資産総額比です。

＊各々のグラフ、表にある比率は、それぞれの項目を四捨五入して表示しています。
＊ファンドは短期資金の運用の一環として、委託会社が設定した「フィデリティ・円キャッシュ・ファンド（適格機関投資家専用）」に投資する場合があります。これはあくまでも短期資金の運用であるため、組入上位10銘柄、市場別組入状況には含めず、資産としては「現金・その他」に分類いたしております。なお、未払金等の発生により、「現金・その他」の数値がマイナスになることがあります。

■当資料は、金融商品取引法に基づく開示資料ではありません。■「フィデリティ・日本成長株・ファンド」の募集については、委託会社は、金融商品取引法第5条の規定により有価証券届出書を関東財務局長に提出し、その届出の効力は発生しております。■当資料は、確定拠出年金法第２４条および関連政省令に規定されている「運用の方法に係る情報の提供」に基づき、当商品の内容をご説明するために作成されたものであり、当該投資信託の勧誘を目的とするものではありません。■投資信託は、株式など値動きのある証券等（外貨建資産に投資する場合には為替リスクもあります。）に投資しますので、基準価額は変動します。したがって、元本および運用成果が保証されているものではありません。投資信託の運用による損益は、購入者に帰属します。■当資料は、フィデリティ投信株式会社が信頼できると判断した諸データに基づいて作成しましたが、その正確性、完全性を保証するものではありません。また、上記の実績・データ等は過去のものであり、今後の成果を保証・約束するものではありません。
……ています。

差異がプラス →ベンチマークより運用成績が良かった
差異がマイナス→ベンチマークより運用成績が悪かった

過去のファンド収益率とベンチマークの収益率の差異はここに記載されている

出所：SBI証券個人型年金プラン 確定拠出年金商品説明資料（運用編）

運用方針で「分ける」

このように**A**「ファンドの特色」を確認しながら、目的とする5つの投資対象である日本株式、外国株式、外国債券、新興国株式、新興国債券にファンドを分けていきます。具体的な方法は図版6－10を参照してください。

投資対象別に投資信託を分けたら、今度はインデックス型を選別していきます。かならずしもアクティブ型の投資信託が悪いというわけではありませんが、投資が初めてという人の場合、インデックス型から商品を選んだ方が無難です。経験を積んだらぜひアクティブ型も研究してみてください。

アクティブ型かどうかを見るときも「ファンドの特色」の目標とする運用成果を見ます。ベンチマークに連動する投資成果を目指すとあればインデックス型ですし、ベンチマークを上回る運用成果を上げることを目標とするとあればアクティブ型です。

ここまで来たら大分商品の絞り込みができたのではないでしょうか？ これが「分ける」作業です。投資対象で「分ける」、運用方針でインデックスとアクティブを「分ける」です。

ファンドを「比べる」「組み合わせる」

次に「比べる」作業に入ります。比べるのは、信託報酬とリスクとリターンです。

まず信託報酬を比べていきます。確定拠出年金の資料だと、投資方針などを含め約20項目で説明が書いてある資料があります。その資料に信託報酬の記載があります。ベンチマークも同じ、インデックスファンドであることも同じであっても、信託報酬に結構開きがあります。やはりコストは利益を引き下げるものですから、なるべく信託報酬は安い方が良いでしょう。信託報酬の高いものを除いていくと、それぞれの投資対象において選択肢は数本に絞られてくるでしょう。

信託報酬の安いファンドを数本ピックアップしたら、過去のリスクとリターンをチェックしていきます。見るところは❸の「ファンドとベンチマークの収益率とリスク（標準偏差）」というところです。まず、過去のファンド収益率とベンチマーク収益率の差異をみます。ここがマイナスであれば、ファンドの過去の成績はベンチマークを下回っていたということになりますし、プラスであればベンチマークを上回った成果を出したということになります。できれば過去1年間、3年間、5年間、10年間、設定来と継続して運用実績が長い期間良いファンドの方が良いでしょう。

各投資先から1本ずつ商品を選んだらあとは「組み合わせる」だけです。図版6－07で計算したモデルポートフォリオをそのまま利用するとすれば、日本株10％、先進国株30％、新興国株10％、先進国債券30％、新興国債券20％となりますから、このとおりに配分指定していけば結構です。

具体的な信託報酬について解説されている

9.信託報酬

純資産総額に対して年率1.6524%(消費税等相当額抜き1.53%)
内訳:委託会社0.7884%(消費税等相当額抜き0.73%)、受託会社0.108%(消費税等相当額抜き0.10%)、販売会社0.756%(消費税等相当額抜き0.70%)

確定拠出年金向け説明資料

運営管理機関:

フィデリティ・日本成長株・ファンド

投資信託協会分類:追加型投信/国内/株式

本商品は元本確保型の商品ではありません

1.投資方針

・わが国の取引所に上場(これに準ずるものを含みます。)されている株式を主要な投資対象とします。
・個別企業分析により、成長企業を選定し、利益成長性等と比較して妥当と思われる株価水準で投資を行ないます。
・個別企業分析にあたっては、日本および世界主要金融拠点のアナリストによる企業調査を活かし、ポートフォリオ・マネージャーによる「ボトム・アップ・アプローチ」を重視した運用を行ないます。
・株式への投資は、原則として、高位を維持し、信託財産の総額の65%超を基本とします。
・ポートフォリオ構築にあたっては、分散投資を基本としリスク分散を図ります。
・ファミリーファンド方式により運用を行ないます。
※資金動向・市況動向等によっては前記のような運用ができない場合もあります。

2.主要投資対象

フィデリティ・日本成長株・マザーファンド受益証券
(ファンドは、フィデリティ・日本成長株・マザーファンド受益証券への投資を通じて、信託財産の長期的な成長を図ることを目標に積極的な運用を行ないます。)

3.主な投資制限

株式への実質投資割合: 制限を設けません。

新株引受権証券および新株予約権証券への実質投資割合: 取得時において信託財産の純資産総額の20%以内とします。

同一銘柄の株式への実質投資割合: 取得時において信託財産の純資産総額の20%以内とします。

4.ベンチマーク

東証株価指数(TOPIX):配当込み

5.信託設定日

1998/4/1

6.信託期間

無期限

7.償還条項

ファンドの受益権の残存口数が30億口を下回った場合等には、繰上償還となる場合があります。

8.決算日

毎年11月30日
(但し、休業日の場合は翌営業日)

9.信託報酬

純資産総額に対して年率1.6524%(消費税等相当額抜き1.53%)
内訳:委託会社0.7884%(消費税等相当額抜き0.73%)、受託会社0.108%(消費税等相当額抜き0.10%)、販売会社0.756%(消費税等相当額抜き0.70%)

10.信託報酬以外のコスト

組入有価証券の売買委託手数料、立替金の利息等:
ファンドからその都度支払われます。ただし、運用状況等により変動しますので、事前の料率、上限額等を表示できません。

法定書類等の作成等に要する費用、監査費用等:
ファンドの純資産総額に対して年率0.10%(税込)を上限とする額がファンドの計算期間を通じて毎日計上され、毎計算期の最初の6ヶ月終了日(当該日が休業日の場合は翌営業日)および計算期末または信託終了の時に支払われます。

※当該手数料・費用等の合計額については、投資者の皆様がファンドを保有される期間等に応じて異なりますので、表示することができません。

11.お申込単位

1円以上1円単位

12.お申込価額

ご購入約定日の基準価額

13.お申込手数料

ありません。

14.ご解約価額

ご売却約定日の基準価額

15.信託財産留保額

ありません。

16.収益分配

年1回の決算時(原則として11月30日)に収益分配方針に基づき収益分配を行います。分配金は、自動的に再投資されます。

17.お申込不可日等

取引所における取引の停止その他やむを得ない事情があるときは、ファンドの取得申込・解約請求を中止等する場合があります。また、確定拠出年金制度上、取得申込・解約請求ができない場合がありますので運営管理機関にお問い合わせください。

■当資料は、金融商品取引法に基づく開示資料ではありません。■「フィデリティ・日本成長株・ファンド」の募集については、委託会社は、金融商品取引法第5条の規定により有価証券届出書を関東財務局長に提出し、その届出の効力は発生しております。■当資料は、確定拠出年金法第24条および関連政省令に規定されている「運用の方法に係る情報の提供」に基づき、当商品の内容をご説明するために作成されたものであり、当該投資信託の勧誘を目的とするものではありません。■投資信託は、株式など値動きのある証券等(外貨建資産に投資する場合には為替リスクもあります。)に投資しますので、基準価額は変動します。したがって、元本および運用成果が保証されているものではありません。投資信託の運用による損益は、購入者に帰属します。■当資料は、フィデリティ投信株式会社が信頼できると判断した諸データに基づいて作成しましたが、その正確性、完全性を保証するものではありません。また、上記の実績・データ等は過去のものであり、今後の成果を保証・約束するものではありません。■東証株価指数(TOPIX)は東京証券取引所が算出、公表しています。

出所:SBI証券個人型年金プラン 確定拠出年金商品説明資料(基礎編)

6-10 商品を「分ける」「比べる」「組み合わせる」手順

分ける

商品名	投資対象	ベンチマーク	目標とする運用成果
××ファンド	国内株式	日経225	アクティブ
○○オープン	外国株式	MSCIコクサイ	インデックス
△△オープン	外国債券	MSCIコクサイ	アクティブ
□□ファンド	新興国株式	MSCIエマージングマーケットインデックス	アクティブ
	新興国債券	JPモルガングローバルタイバーシファイド	インデックス

比べる

信託報酬が安いのはどれかな？

ファンド収益率とベンチマークの収益率がプラスのものはどれかな？

組み合わせる

比べて選んだ商品を組み合わせるぞ！

国内債券 30%
外国株式 40%
外国債券 15%
国内株式 15%

第6章 確定拠出年金の運用商品を選ぼう

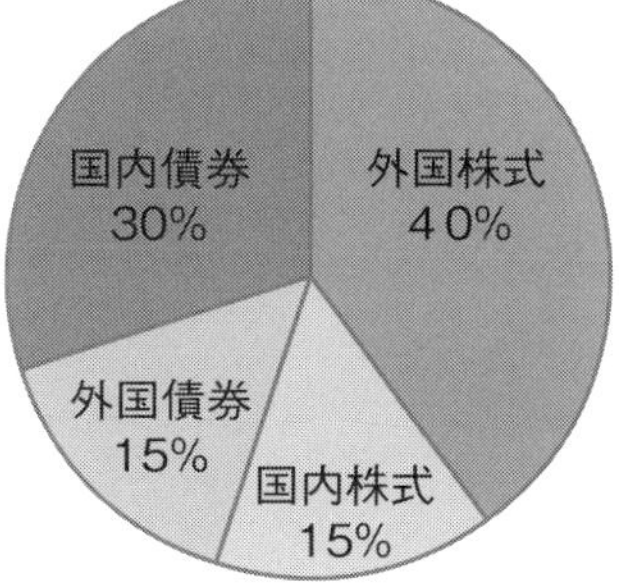

05

実践編

投資信託はほったらかしにせずに半年に1度はチェックしよう

投資信託を実際に買ってしまうとどうしても値動きが気になってしまいます。しかし投資信託は1日に1回しか値段が決まりません。なぜならば広くいろんな銘柄に投資をしているため、投資対象の市場がその日の取引を終え、それぞれの投資銘柄の終値を集計する必要があるからです。そのため、1日に何度も資産残高をチェックしたところで何も変化が起きません。

また投資信託は、好きなタイミングで売買することが不可能です。1日に1回しか値段が決まりませんから、なにかビッグニュースがあって市場が大荒れになったところで、市場が閉まるまで待たなければ投資信託を買ったり、売ったりはできないのです。

投資信託はそもそもそういうものですから、どっしり構えて日々の資産価値の変動に一喜一憂しないことです。特に最初のうちは、残高も少ないはずです。仮にそれまでに積立をしたお金100万円が、株価の大暴落で50万円になったとしても世の中の終わりではありません。まして、**含み損**で人生が終わるわけでもありませんから、あわてる必要もないのです。

リバランスをするときのコツ

しかしほったらかしもいけません。少なくとも半年に1回は残高チェックを行うことをお

●**含み損**
保有している商品が当初の価格から値動きをし、売却した場合に損失が出てしまう状態の

6-11 リバランスの例

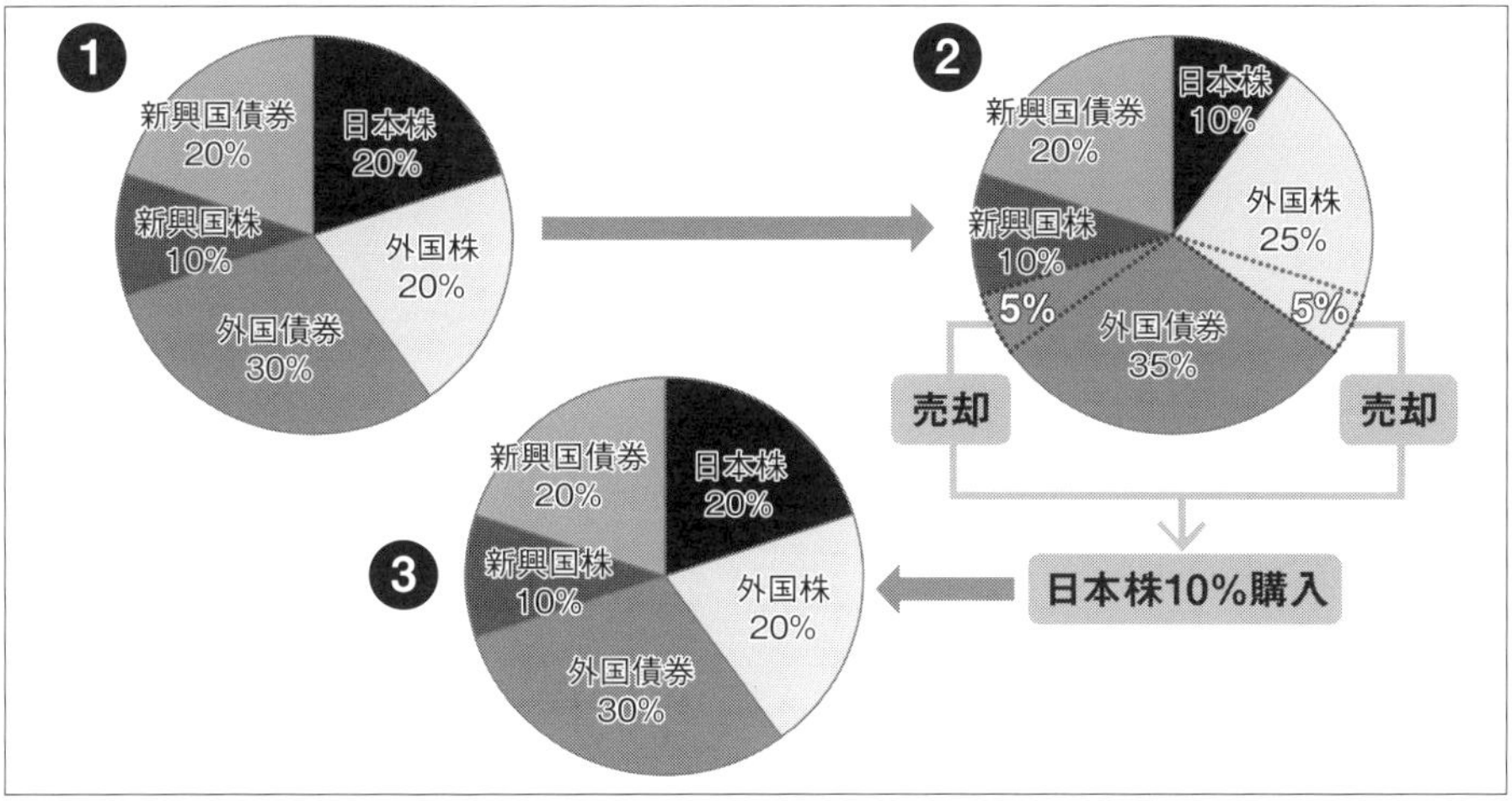

ススメします。その際、最初の資産配分から大きくかい離している場合、もとの資産配分（ポートフォリオ）に調整する「リバランス」をしていきます。

例えば当初のポートフォリオが、日本株20％、外国株20％、外国債券30％、新興国株10％、新興国債券20％であったところ、その後円安が進み外国株と外国債券の資産価値が上がり配分が日本株10％、外国株25％、外国債券35％、新興国株10％、新興国債券20％になったとしましょう。リバランスとはその崩れてしまった配分を最初の日本株20％、外国株20％、外国債券30％、新興国株10％、新興国債券20％に戻す作業です。

具体的には外国株を5％、外国債券を5％売却し、その資金で日本株を10％購入します。投資信託の売却には**口数**という取引単位を使います。スイッチングの際いくら売却するのかを求めるには以下の計算式を使います。

ことを指します。反対に、売却すれば利益が出る状態のことを「含み益」といいます。

●**口数**
投資信託を売買する際の単位のことです。

売却金額÷基準価格×1万口　＝売却口数

基準価格は1万口あたりで表示されますので、自分のWEBサイトに掲載された情報を基に計算し指示を出します。ただし、信託財産留保額がかかる投資信託の場合、その手数料分は差し引かれます。

リバランスは、その時の資産残高の配分を変えるので手続きとしてはスイッチングのみで結構です。翌月以降の毎月の積立先に変更はありません。

●基準価格
基準価額ともいい、投資信託を運用するファンドの時価のことを指します。株式の場合の「株価」に相当します。

第7章

それでも確定拠出年金の加入に迷ったときは？

01

実践編

確定拠出年金の最大の弱点を克服する3つのポイントを理解しよう

確定拠出年金の弱点は、それだけでは十分な老後資金にならないという点です。特に、確定拠出年金をやっていると、「老後の準備をしている」という妙な納得感がでてしまい、加入から時間が経つにつれ目的意識を失い、惰性で積立をただ継続しているということにもなりかねないのです。

確定拠出年金に加入すれば安心？

確定拠出年金だけでは十分な老後資金にならないのは、掛金に上限が設けられているためです。特に始める時期が遅いと十分な資産形成ができません。例えば会社員が月の掛金上限額2万3000円の積立を20年継続したところで、運用利回りを3％と仮定しても700万円程度の資産にしかなりません。700万円を65歳から90歳までの25年間、3％で運用しながら取り崩したところで月3万円程度の余裕資金です。公的年金の受給額が想定以上に悪かったりすれば、十分な生活が送れないかもしれません。

自営業者は月6万8000円までの拠出ができますから、同じ20年間、3％の運用であっても上限までの拠出を継続すれば2000万円程度の退職金が作れます。しかしながら厚生年金加入の会社員が老後の生活資金として終身で受け取る厚生年金がない分、老後の資産形成の必要額はもっと大きくなるはずです。

会社員の場合、給与の0・5481％が老後資金として「自動的に」積み立てられていきます。例えば20歳から60歳までの平均給与が40万円であれば、40万円×0・5481％×480カ月＝105万2352円が老齢厚生年金額となります。この金額を65歳から90歳までの25年受け取るとすれば合計額は2630万円ですから、自営業者が20年で作れる確定拠出年金の2000万円であったとしても、決して十分すぎるお金ではないのです。

会社員と自営業者の格差

会社員も自営業者も加入する国民年金は、加入期間に応じて受給額が増えますが、厚生年金は報酬比例と呼ばれ、現役時代の報酬に比例して年金額が確定します。会社員の人はあまり意識していないかもしれませんが、給与天引きで掛金が拠出され、自動的に老後の資産形成をしてくれる仕組みがあるのかないのか、実はとても大きな差となります。更にいえば、会社員の場合は退職金や確定拠出年金以外の企業年金がある場合もありますから、やはり自営業者との「老後の備え」の格差は存在します。

では、この確定拠出年金の最大の弱点を克服するためにはどうしたら良いのでしょうか？それには以下3つの解決ポイントがあります。「①早くから確定拠出年金に取り組む」「②最大限の掛金で運用する」「③運用利回りを上げる」。これらについては次ページ以降で1つずつ解説していきます。

実践編

02

将来の選択肢を広げるために今取り組んでおきたいことは？

日本人はお金を増やすという行為をあまり好ましく思わない人が多いようです。とても残念なことですが、お金は額に汗して労働の対価として受け取るものという考えが強く、肉体労働を伴わずにお金を得ることに対しては非常に評価が低いのです。

しかし、お金はとても価値のある大切なものです。お金を持つと人生の選択肢が増えます。お金が増えると、自分のためにも使えますし、家族のためにも使えますし、社会のためにも使えます。

60歳の自分をイメージしてください。きっと今の自分より体力も衰えてくるでしょう。社会的な能力も多少衰えていると仮定しましょう。もしその時点で十分な貯えがなければ、会社にしがみつき、なんとか日々の暮らしを維持できるように働きつづけることだけが選択肢になっているかもしれません。

将来のために今を大切にしよう

でも、もしその時点で自由に使えるお金があったらどうでしょうか？　これまでなかなか実現できなかった家族との旅行も行けるかもしれませんし、自宅でゆっくりすごすためにリフォームをすることもできるかもしれません。もしかしたら、その資金を基に事業を興し新しい人生にチャレンジすることもできるかもしれません。

そもそも「長期投資」という行動は、世の中にこれから求められる技術やサービスに対して支援、サポートをするとても知的な行動であり、生活をおとしめてまでも夢中になるギャンブルとは到底異なるものなのです。

少なくとも、将来のための資産形成は若い自分が歳をとった自分へ仕送りをするようなものであり、人生設計をしっかり考えている人だからこそできることでもあります。

人生設計、いわゆるライフプランを考えると、「今」の行動がすべて「将来」の自分につながっていることがよく分かります。今の働き方が、将来の収入を決めていきますし、今のキャリアが将来の自分の姿に投影されます。自分の将来を考えている人は「今」をとても大切にしている人です。ひとつひとつの選択をしっかり考えて行動している人は将来においても思い描いた生活を送れている可能性が高まります。

必要なのは稼げる力をつけること

では「今」何をすべきか?

答えはシンプルです。稼げる力をつけることです。国や会社に頼らずに稼げる力をつけることです。

国に頼らないというのは、自立した立場でいるということです。しっかり税金も払い、社会保険料も負担し、国民の義務を全うした上で、国に意見できるような自立した立場でいることです。もちろん国の制度もきちんと理解したいものです。

会社に頼らないというのは、何も会社を辞めるという意味ではありません。会社という「場」を最大限に活用しながらどんなステージに立っても自分らしく社会貢献ができるような意識を持ち続けることです。会社という看板がなくても、価値ある自分であれば、どんなことが起ころうとも稼げることができるでしょう。

稼げる力でもって得た報酬の一部は市場に投資をします。給与が振り込まれた銀行口座にそのまま置くのではなく、かならず「市場」にお金を回します。なぜならば、今の時代「市場」が最もお金が成長する場であり、将来の自分の選択肢を広める手段として最もふさわしいからです。

03

実践編

保険・住宅ローンと上手に付き合い掛金をしっかり確保しよう

資産形成の話をすると、利回りばかりに気を取られる人がいます。

3％の運用利回りを継続して得る方法より、一か八かの20％の運用利回りを取る方に魅力を感じてしまうのです。

しかし資産形成において最も大切なことは、必要以上の高いリスクを取り、ギャンブルをすることではなく、毎月の積立に回せるお金をしっかり確保することです。成長する市場に途切れることなくお金を注ぎ続けることです。またお金を注ぐ時間はできるだけ長い方が望ましいのです。

節税と非課税のメリット

もちろんお金を注ぐ仕組みについてもしっかり知る必要があります。どこからでもいいから市場にお金を注ぐのではなく、確定拠出年金という「強い仕組み」を使って市場にお金を注ぎ込むことを忘れてはいけません。

例えば会社員が月々2万3０００円を運用利回り3％で、25歳から60歳まで確定拠出年金で継続して運用したとします。

3％の運用益には当然ながら税金がかかりませんからその分60歳時点での資産は増えてい

7-01 確定拠出年金の60歳時受け取りのイメージ

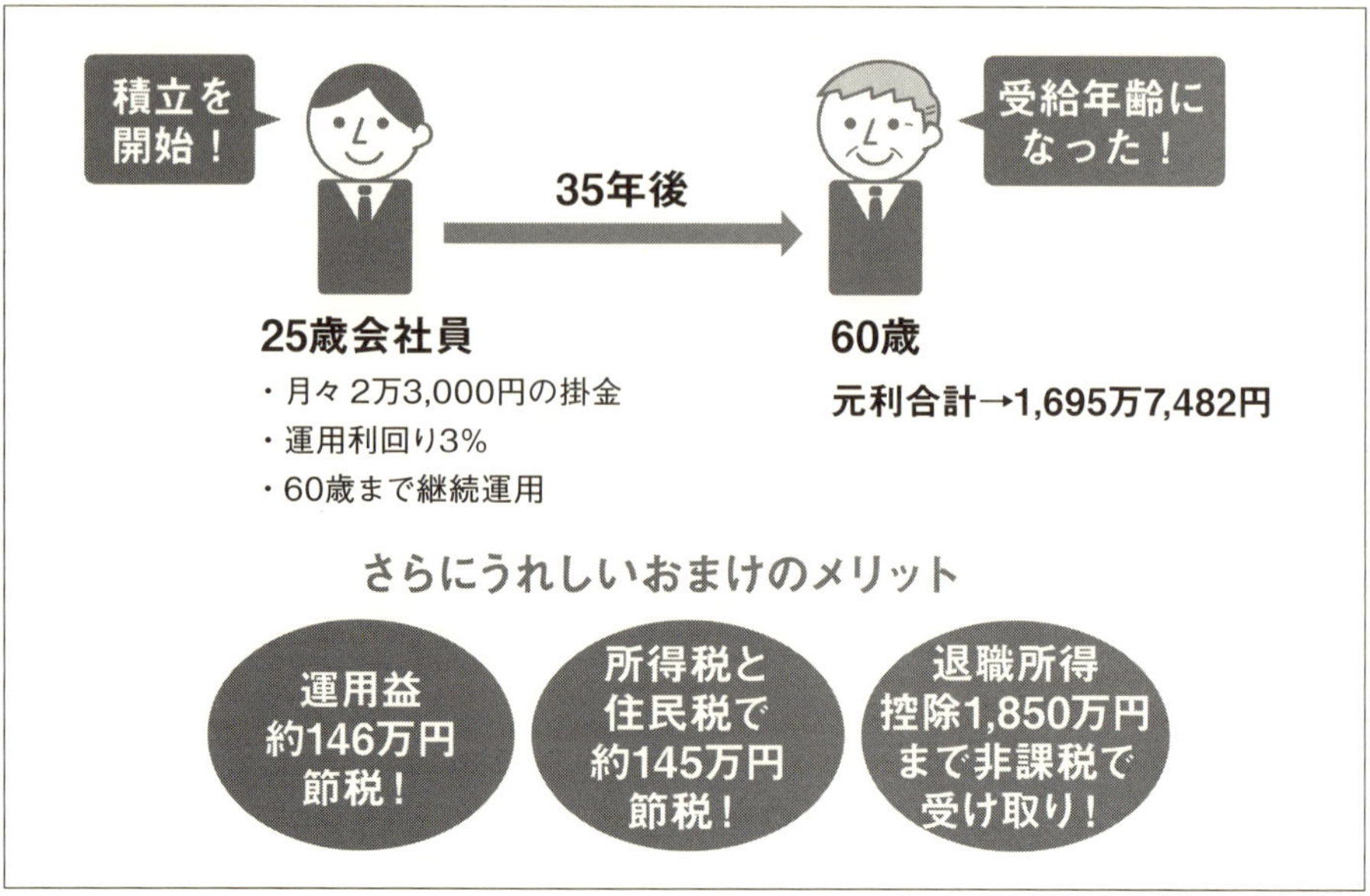

るはずです。

60歳時点での元利合計は、１６９５万７４８２円です。掛金に対し所得税５％、住民税10％、合計15％の非課税メリットを受けたとすれば、その節税額は１４４万９０００円です。もし確定拠出年金の仕組みを使わずに１年毎に課税された場合、元利合計は１５４９万７９８５円ですから、運用益に対する非課税効果は１４５万９４９７円です。

また、受け取りの際、35年間の加入期間がすべて退職所得控除となります。１８５０万円までは非課税で受け取ることができますから、この場合35年間最初から最後まで税金を払うことなく資産形成ができるということです。

お金の知識を身に付けよう

しかし、35年間も2万3000円の積立を継続させるのは大変です。生活スタイルが変化する中で、結婚したり子どもができたり、家を買ったりと大きなお金が動くこともあるからです。

上手にお金をやりくりして積立資金を確保し続けるためには、お金の知識も必要です。具体的には、無駄な保険に入らないように国の保険（社会保険）をよく理解すること。よくあるのは、同じ目的の万が一の備えのために、国の保険が十分あるにも関わらずそれを知らずにダブって民間保険に入っているケースです。そこに払う保険料はムダです。

また住宅ローンの借り方、返し方についての理解も必要です。住宅ローンは、月々の支払い額だけではなく、支払い全期間で負担する返済総額を気にするべきです。返済総額はローンの借り方に大きく影響を受けます。固定金利なのか、変動金利なのか、十分検討するべきですし、場合によっては借り換えも必要です。

上手に活用したいＦＰのサポート

とはいえ、適切な保険や住宅ローン選びには専門的な知識も必要です。日々の暮らしの中から情報をアップデートさせながら対応していくのは、なかなか難しいでしょう。実際、欧米では確定拠出年金の運用にともないファイナンシャルプランナー（ＦＰ）のサポートを受けている人が多くおり、今後の日本においてはＦＰの役割がとても大きくなると考えています。

FPとは一言でいえばお金の専門家であり、確定拠出年金のポートフォリオ（資産配分）の考え方から適切な掛金拠出のための家計の最適化まで様々なアドバイスを提供するプロです。特定の金融機関に所属しない立場で仕事をしている人も多く、より相談者目線で情報提供をしてくれるというメリットがあります。

確定拠出年金についていえば、運営管理機関が窓口ではあり、手続きについてのサポートや運用商品の説明などはしてくれますが、家計の相談には乗ってくれません。確定拠出年金は長期での資産形成ですから、専門家からのアドバイスを受けながら息切れせずに継続することが大切です。

プロのファイナンシャルプランナーを探すには**日本ファイナンシャルプランナーズ（FP）協会のサイト**が便利です。日本FP協会はFPの資格認定をしている団体ですが、上級資格者

●日本FP協会のサイト
https://www.jafp.or.jp/
暮らしとお金に関する

（CFP©保有者）を紹介する仕組みがあります。FPアドバイスを業として行っているCFPを地域別、キャリア別、得意分野別などいくつかの条件を与えて検索することも可能です。相談料も個々によって設定が変わりますので、希望に沿ったFPを見つけることができます。

もう1つの選択肢は、筆者が運営する「**確定拠出年金相談ねっと**」です。確定拠出年金相談ねっとは全国の認定FPが登録するサイトです。認定FPとなるには、専門性の高い確定拠出年金の研修を受ける必要があります。確定拠出年金は国の年金を補完する仕組みですから、当然公的年金の知識が必要です。また税制優遇がありますから、所得税、住民税、運用益にかかる税金など幅広い税制の知識も必要です。さらに老後の資産形成としての長期投資のアドバイスが求められるので運用の専門知識も必要です。

FPとしてお客様のライフプラン実現のための知識、技術を土台に確定拠出年金の相談についても研鑽を重ねているので、お客様の人生に寄り添いアドバイスを行うことができます。確定拠出年金のご相談にとどまらず、様々なご相談にワンストップで対応できるのも強みです。全国で確定拠出年金セミナーや相談を受けられる認定FPもどんどん増えているので、みなさんの頼れる存在となるでしょう。

ことの説明や、協会所属のFPの紹介、FP資格取得の手引きなどの説明も行っています。

※FPの資格としては「FP技能士」、「AFP資格」、「CFP©資格」の3つがあります。国家資格であるFP技能士は3級から1級まであり、合格後の有効期限はありません。一方、AFPとCFPは民間資格です。中でもAFP資格を取得し、一定の実務経験をこなしたのちに審査を受けられるCFP©資格は国際基準をクリアした上級資格とされています。

●確定拠出年金相談ねっと
https://wiselife.biz/
※筆者が代表を務める「全国の確定拠出年金に強いFPが見つかる」サイトです。

04

実践編

投資初心者がチャレンジしてみたい NISAと直販投信

お金は強い仕組みの中で育てる

確定拠出年金は老後の資産形成ですが、人生に必要なお金は老後資金だけではありません。子どもの教育資金や住宅資金といった日々のやりくりだけではなかなか作るのが大変な大きなお金と常に向き合っていかなければなりません。

お金は「強い仕組みの中で育てる」のが原則ですから、確定拠出年金以外にも少額投資非課税制度（ＮＩＳＡ）もぜひ活用したいものです。ＮＩＳＡは、投資から5年間については運用益が非課税となりますから、老後資金以外の比較的短期での目的の用途の資産形成には役立ちます。ただし確定拠出年金のように掛金についての所得控除や受け取りの際の税制優遇はなく、対象となる金融商品も確定拠出年金のように元本確保型の商品を選ぶことができず投資商品のみなので、より積極的な姿勢が求められるのが特徴です。

ＮＩＳＡは年間１２０万円まで投資原資を専用口座に入金することができます。その金額を基に投資商品を購入していきます。

投資を通じて勉強しよう

ＮＩＳＡ口座は銀行、証券会社などで開設することができますが、投資からの「学び」と

7-03 ざっくりわかるＮＩＳＡの仕組み

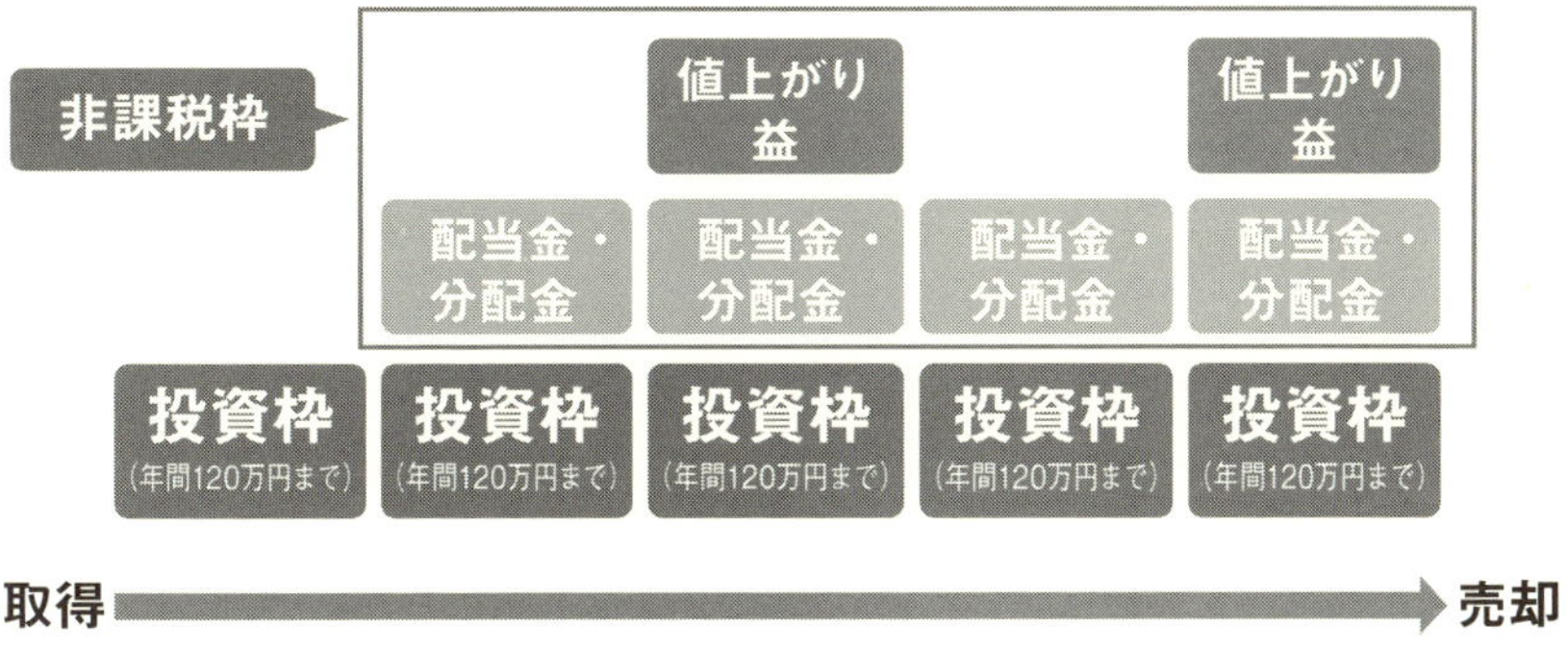

その他のポイント

・投資対象は国内株式（現物取引）、投資信託、国内外ETF、国内外REIT
・口座開設の期間は2014年から2023年まで

いう観点でいえば、直販投信での口座開設をおススメします。直販投信というのは、いわば投資信託の産地直送システム。投資信託を運用する運用会社が直接投資家に語りかけ、商品を販売する仕組みです。銀行や証券会社が「売れそうな投資信託」あるいは「売りやすい投資信託」を仕入れて販売し、その販売手数料を稼ぐビジネスモデルとは根本的に異なる仕組みで運営しています。

「直販投信」とネットで検索してもらうと現在8社の直販の運用会社が共同で情報提供をしているサイトがヒットするでしょう。それぞれの運用会社には特徴がありますので、発信されたコラムなどを読んでみると共感できるところと出会えると思います。

これらの運用会社の共通する点は、投

資家への情報開示にとても積極的なところです。

セミナーの開催も積極的に行っていますし、書籍などでの情報発信も積極的です。また難しい言葉を並べるのではなく、一般投資家（普通の生活者）が分かりやすいように工夫しながら情報発信をする姿は非常に価値があると思います。信頼できる識者のレポートを定期的に読んだり、話を聞いたりすることは何よりも学びになります。経済の仕組み、市場の動き、お金の流れを知ることは社会人としてとても重要なことなので、学びの場として直販投信とお付き合いすることも有効です。

確定拠出年金はやればそれだけで万全というものではありません。当然弱点もあります。しかしそれらは克服が可能です。最もいけないことは、問題意識をもっているのだけれど、頭でっかちになりすぎて、結果何の行動も起こさないことです。

たかが確定拠出年金ですが、されど確定拠出年金です。始めてみる価値はあります。

第8章

ケース別確定拠出年金活用法

ケース1〈20代会社員〉

老後のことに興味はないがメリットはある？

20代の人であれば、40年後、50年後の自分の姿を想像し、「生活苦におちいらないよう今から備えましょう」といったところで何となく現実味がなく積極的な気持ちになれないかもしれません。

若い頃はとりあえず「稼ぐ力」を養うことが最も重要なことだと筆者も個人的には思います。稼ぐことが出来なければ、資産形成もできませんし、入ってくるお金があってこそ人は将来設計に前向きになれるというのは紛れもない事実だからです。

そんな若い人が確定拠出年金を活用するメリットがあるのでしょうか？

資産形成を学ぶ機会と考えよう

もちろんメリットはあります。ただし「節税」目的など目先のことにとらわれる必要はありません。資産形成の「学びの場」としての活用です。

若い人で、そもそも税金の負担がそれほど多くないのであれば、確定拠出年金で掛金を拠出したところで大した節税にもならないでしょう。ましてや掛金額が５０００円程度であれば、運営管理機関を間違ってしまうと、節税メリットより口座管理にかかる手数料の方が多いかもしれないという笑えない状況になってしまいます。

会社が確定拠出年金を導入している場合は、会社がお金を払ってくれるのですから、「学びの場」としてまずは投資力を養うために活用しましょう。これからの時代、資産運用のスキルはとても大事です。自分自身の稼ぐ力を養うためにも経済を学ぶことは非常に優先順位の高いことです。

マッチング拠出が可能であれば、これもやってみましょう。何しろ「身銭」を切らないことには人間なかなか真剣になれません。少額であってもマッチング拠出しながら運用をするべきです。

個人型であれば、できれば掛金は1万円以上が望ましいです。もちろん短期で必要となる目的の貯蓄として確定拠出年金はふさわしくありませんが、月1万円の勉強代と思えばなんとかなる人も多いでしょう。

高いリターンを目標にしよう

もちろん掛金を拠出するだけではなく、インターネットで資産運用について学んだりセミナーに参加してみたりすることもおススメです。無料あるいはとても安い費用で学べるチャンスはたくさんあります。

学ぶ際の重要なポイントは、市場の変動に一喜一憂しないこと。何しろ今は「学び」のときなのですから、けがをしながら経済を乗りこなせるようになること！　これが第一の目標です。仮に1万円の掛金が50％下落して５０００円になったところで人生の終わりにはなりません。

仮に20歳から確定拠出年金を始めると、60歳までに「退職所得控除」の枠が２２００万円できます。退職所得控除の枠を超える位の資産形成を目標としてみるのも良いのではないでしょうか？

月々1万円の積立であれば、複利で7・2％の運用を40年続ければ2200万円くらいにはなりますね。先進国株の過去20年間の平均リターンが約7％ですから、チャレンジする目標としては悪くないかもしれません。

ケース2〈30代会社員〉住宅ローン控除があるとメリットはない？

住宅ローン控除を受けている場合、確かに掛金に対する所得控除のメリットはありません。しかし住民税はいかがですか？　納税している金額があるのであれば、住民税の節税効果にはつながるかと思います。

住宅ローン控除を受けている場合、所得税の節税メリットはない人が多いでしょうから、「退職所得控除での非課税の枠作り」をメインと考えるのも良いでしょう。

例えば掛金が毎月5000円であったとしても、将来資金を受け取る際の退職所得控除は加入1年あたり40万円です。加入期間が20年を超えると1年あたり70万円の「非課税枠」を作ることができます。そのため住宅ローン控除が使える場合であっても、将来の受け取り時により有利になるように非課税枠を作るという作戦です。

住宅ローン控除は10年で終わりますから、終了後は少し老後の資産形成に回すお金を増や

●**住宅ローン控除**
住宅ローンの残高に対して一定の率が税額控除できる仕組みです。住宅購入時の税制により控除の率などが変わりますが、平成28年現在は、住宅ローン残高最高4000万円までに対して、1％にあたる金額がその年納税すべき所得税より差し引かれます。

●**国民年金基金**
国民年金基金とは、第1号被保険者のための上

して所得控除を受けるようにします。

もちろん住宅ローン控除を受けながらも、老後の資産作りをするという明確な目的があれば、掛金を少な目に抑える必要はありませんが、掛金も少し調整したいという希望があれば「退職所得控除」に重きをおいた活用法もありかと思います。

ケース３ 〈40代自営業〉
起業したばかりのときは自分年金をどう考える？

国民年金基金の方が得？

第１号被保険者の場合、自分年金の選択肢は３つあります。

まず**国民年金基金**です。掛金全額控除で65歳からの受取額が予め確定しています。**国民年金基金連合会**のホームページ上でシミュレーションができるので、一度チェックしても良いかと思いますが、加入した時点での固定金利なので、現状はあまり良い条件とはいえません。

例えば30歳男性が15年保証の終身年金を希望する場合、月１万１７０円の掛金で65歳から年間24万円を受け取ることができるとなっています。60歳までの払い込み金額の合計は３６６万１２００円なので、保証期間内に亡くなった場合、受け取り金額が３６０万円となり、払い込んだ金額を割ってしまうのです。

国民年金基金と確定拠出年金の掛金上限額は合計で６万８０００円ですから、どちらか一方をということであれば、確定拠出年金の方が分が良いのではないかと考えます。


乗せ年金制度です。各都道府県に1つずつ設立された地域型国民年金基金と、25の職種ごとに全国に1つずつ設立されている職能型国民年金基金があります。掛金は月６万８０００円が上限で、全額所得となります。

●**国民年金基金連合会ホームページ**
http://www.npfa.or.jp/

※国民年金基金の終身年金には保証期間のあるものとないものがあります。保証期間のあるものは受給者が死亡した際に、保証期間からすでに受給した期間を引いた分の額が一時金として遺族に支給されますが、保証期間のないものは支給がありません。保証期間については受給者が途中で死亡してもその期間内の年金額は保証され、遺族が受け取ります。保証期間より長生きした場合は終身で年金が受け取れます。

確定拠出年金であれば、運用次第で資産も増えますから、今後のインフレの可能性などを考えると国民年金基金よりも期待できます。また将来事業を大きくして法人化した場合など、企業型に移換することもできます。

付加年金という選択肢もある

オプションとして確定拠出年金と併用して付加年金に加入することもできます。毎月400円の掛金で65歳からプラスアルファの年金が受け取れます。この受け取り額の計算式は200円×加入月数ですから、単純にいえば支払った保険料が2年で元がとれる年金です。金額はわずかですが、やってみる価値はあります。

ただし、個人型確定拠出年金の掛金は5000円以上1000円単位で決めなければいけないので、付加年金をすると確定拠出年金の掛金は6万7000円が上限となってしまいます。付加年金の保険料も所得控除ではありますが、差額が生じることで節税メリットが薄れると思う人はあえてしなくても良いかと思います。

併用するなら小規模企業共済

確定拠出年金が併用できる自営業者の自分年金は、小規模企業共済です。商工会議所や銀行でも加入の申し込みが可能です。月の掛金は1000円以上500円刻みで、7万円が上限です。全額所得控除となりますので、確定拠出年金と合わせると節税効果はとても大きくなります。

受取の金額は理由によって異なります。

最も支払い額に対して受取額が大きくなるのが廃業時です。そのため60歳で確定拠出年金の資金を取り崩し、廃業時には小規模企業共済を受け取るなど、明確な用途の使い分けができる人は特に併用のメリットがあります。

ただし起業したばかりで売上が安定していないという場合、優先すべきは確定拠出年金でしょう。

掛金の見直しも1年に1回可能ですし、事情によっては運用指図者として掛金の積立を休むことができます。確定拠出年金も小規模企業共済も途中引き出しができません。

起業したばかりだと、仕事への投資も必要でしょう。まずは無理せず始め、しっかり売上を伸ばしてから掛金を増やしていくと良いでしょう。

ケース4〈50代会社員〉今から始めるのは遅すぎないか？

キャッシュフローを考慮しよう

50代で確定拠出年金を始めるにあたり、注意すべき点は老齢給付の開始年齢です。確定拠出年金は、60歳までの加入期間が10年に満たないと、少しずつ給付開始年齢が引き上げられます。

例えば60歳までに加入期間が8年以上10年未満だと受給開始は61歳、6年以上8年未満だと62歳、4年以上6年未満だと63歳、2年以上4年未満だと64歳、1カ月以上2年未満だと

65歳までの引き上げです。まずこのスケジュールを理解しましょう。

受給開始年齢に達しないと確定拠出年金は絶対におろすことはできません。給与収入がなくなって以降の生活に必要な入出金を考えておかないと、資産はあっても使えるお金がない、つまり黒字倒産のような状態になってしまいます。

60歳以降の働き方はどうしますか？　再雇用の可能性はどうですか？　給与はどのくらい見込めそうですか？　退職金は？　公的年金はいつからいくらですか？　60歳以降のキャッシュフローをチェックしながら、確定拠出年金の受給開始年齢のスケジュールに問題がないかを確認します。

70歳までの好きなときに受け取れる

もう1つの注意点は運用方法です。老齢給付が60歳から認められる場合でも、かならずしも60歳になったときにすべてのお金を引き出さなければならないというルールではありません。70歳までの10年間でいつ受け取りを開始しても良いのです。

例えば60歳を直前に株の大暴落が起こり、資産が大きく目減りしたとしましょう。受け取り開始は70歳まで据え置くことができるので、10年間市場が回復するのを待つことができます。しかし、期間が10年に満たないという理由で、受給開始年齢が60歳より後ろにずれた場合でもあっても、最終的な受け取り開始年齢は70歳までと変わりません。つまり「万が一の市場の暴落時」に待機することができる時間が短くなるわけです。そこにリスクを感じる場合は、債券を中心にしたリスクを抑えた運用を考えましょう。

ケース5〈会社員〉
会社を辞めたが一時金を受け取れないか？

確定拠出年金において脱退一時金の要件は非常に厳しくなっています。まず会社を退職する時点で残高が1万5000円以下であれば一時金で受け取れます。しかしそれ以上になると、まず脱退一時金はないと思いましょう。

ハードルが高い「加入資格の喪失」

特に2017年以降、更に脱退一時金を受け取るための要件が厳しくなります。

まず会社を辞めた人が脱退一時金を受け取るには、加入資格を失う必要があります。現時点で加入資格がないのは、国民年金保険料免除者、未納者、公務員、第3号被保険者（いわゆる専業主婦）、会社に確定拠出年金以外の企業年金（厚生年金基金、確定給付年金）がある人です。

しかし国民年金保険料免除者と未納者以外のケースはすべて2017年より加入資格を有します。つまり国民年金免除者と未納者以外の場合、脱退一時金を受ける可能性が全くないということです。

せっかく加入したのなら最後まで続けよう

では、国民年金の保険料を未納にすれば良いのでしょうか？　残念ながらそれも難しいでしょう。なぜなら、例え加入資格がなくても通算加入期間3年以下または資産残高50万円以下（2017年より25万円以下）のいずれかの条件に当てはまらなければ脱退一時金の要件とならないからです。

確定拠出年金の始まりが会社の制度という人は、ひょっとすると消極的な意識で始めてしまったかもしれませんが、始めた以上はしっかり内容を理解して活用したいものです。なぜならば老後のための資産形成はだれもが必要になるからです。

半ば強制的に始まったと思っている確定拠出年金も、あとから思い返せば若いときからコツコツとやっていて良かったと思う日が来るでしょう。

ケース6〈会社員〉退職金が確定拠出年金になった　これって損？

会社にとって退職金の積立金は引当金といって、会社の運転資金にはせずちゃんと保管しておかなければならないお金です。しかも経費扱いになりませんので、税制面でも負担です。

一方、確定拠出年金の掛金は従業員の老後資金のための積立であり、退職金と非常によく似た役割を担うお金です。しかし退職金の積立金とは異なり、会社が負担する掛金は全額損金となり会社の財務にとって大きなメリットをもたらします。このような背景から退職一時金制度を確定拠出年金に変更する会社も少なくありません。

会社が倒産しても影響は受けない

これだけ聞くと何やら会社の都合ばかりのようですが、従業員にとってもメリットがあります。それは、確定拠出年金は会社から拠出を受けた瞬間から従業員の資産になる点です。例えば定年退職の前日に会社がつぶれたとしましょう。その際、退職金の支払いはあきらめなければならないでしょう。

一方で確定拠出年金であれば、拠出を受けた瞬間に会社から切り離され自分のお金になりますから、仮に会社が倒産しようがしまいが何の影響も受けないのです。

もうひとつのメリットは、退職所得控除が転職しても通算される点です。通常、退職所得控除の計算は退職をするたびにリセットされるのですが、確定拠出年金は個人型であっても企業型であってもすべての加入期間が通算され、より有利な受け取り方ができるのです。

退職金より受給額が減る可能性も

このように考えると、一概に退職金制度が確定拠出年金に変わったからといって、損になるとはいいきれません。ただし、もともとの退職金の想定される金額から拠出額が著しく高い想定利回りで割り戻されているような場合、想定利回り以上の運用をしないと制度改正前の**受給額を下回る**ということですので、そのあたりの情報は意識しておいた方が良いでしょう。

ケース7〈会社員〉厚生年金基金が解散　一時金はどうしたらいい？

厚生年金基金はここ数年でほぼすべてが解散の予定となっています。そのための基金解散

●**受給額を下回る場合**
毎月の確定拠出年金の掛金は、従来の退職金の額を想定利回りで割り戻して算出されることもあるため、想定利回り以上の運用成果を上げないと、従来の退職金の額を下回ってしまうことがあります。

●**厚生年金基金**
企業年金の1つで、従業員の老後の生活資金として終身で支払われる会社独自の上乗せ制度。近年、運用の悪化により積立不足が生じ、解散の方向です。

にともない一時金を受け取る人も出てきています。

少し複雑ですが、今自分がどういう状況なのか確認する必要があります。

脱退時の一時金をどうする？

単に自分が厚生年金基金のある会社を辞めて脱退一時金を受け取るケースでは、退職後、個人型確定拠出年金に加入し、その一時金を非課税で個人型の口座に移換することができます。一時金をそのまま一時金として受け取ってしまうと、一時所得として課税されますし、何よりも臨時収入だと喜んでしまい使ってしまいます。

老後の資産形成を継続させるためには、個人型確定拠出年金に加入し資産移換をすることが望ましいでしょう。

厚生年金基金は存続しているが「会社」が脱退する場合も、個人型確定拠出年金に資産を移換することができます。この場合、基金に加入している状態では個人型に加入する資格がないので、会社にスケジュールを確認しながら手続きを進める必要があります。

しかし、２０１７年以降は加入資格者拡大に伴い、厚生年金基金へ加入している会社に勤めている人であっても、個人型確定拠出年金に加入できるようになります。厚生年金存続中に個人型に加入しておいて、厚生年金基金の脱退一時金が清算される際に個人型に移換すると良いでしょう。

確定拠出年金を続ける方がおススメ

厚生年金基金という組織が解散した場合は、状況が異なります。まず会社として企業型確定拠出年金を受け皿とする場合は、確定拠出年金の口座に残余財産を移換することができます。他にも一時金で受け取る、**企業年金基金連合会**にその資産を移すという選択肢がありますが、今後も老後の資産形成を継続していく意思がある人であれば、確定拠出年金を選ぶ方がおススメです。

ただ、残余財産分については運用をお任せしたいという人はどうすべきでしょうか？　企業年金連合会の場合、年齢により予定利率が異なるのですが、移換時の年齢が45歳未満の人であれば予定利率2・25％ですので、確認してみるのも良いかもしれません。ただし企業年金連合会は残余財産の受け入れは可能ですが、今後の積立を継続することはできません。

解散が十分に周知されてないケースも

本来厚生年金基金の解散といったニュースは、社内でも十分に周知徹底されるべきなのですが、A4用紙1枚のお知らせにあまり意識せず同意の印鑑を押してしまう人が大半です。自分の状況を正しく理解し、これからとるべき行動は何なのかきちんと見極めたいものです。

ケース8〈個人事業主〉法人成りをした場合の個人型の掛金は2万3000円？

個人事業主として税理士に決算をお願いしていたりすると、比較的早くから「節税のために」個人型確定拠出年金を勧められたりすることも多いようです。しかし法人成りをして厚生年金の加入者になると、ほとんどの税理士は「会社員の個人型確定拠出年金の掛金が月

●**企業年金基金連合会**
厚生年金基金や確定給付企業年金などの企業年金の通算事業と企業年金に対するサービスを行っている組織です。他にも、給付を行うための原資となる保有資産の運用も行っています。

2万3000円です」と説明します。

一人社長でも企業型を導入できる

これは決して間違ったアドバイスではないのですが、少なくとも経営者としては厚生年金被保険者として個人型確定拠出年金をするも良いし、厚生年金適用事業所として企業型確定拠出年金を導入する選択肢もあるのだということは、ぜひ知っておいてほしいと思います。

実はほとんど知られていませんが、一人社長であったとしても厚生年金に加入していれば企業型を導入することが可能です。

企業型と個人型を比較すると、まず掛金の上限が違います。個人型は月2万3000円ですが、企業型は月5万5000円です。金額が倍以上違いますから資産形成のスピードが違います。

役員報酬アップよりお得？

個人型の掛金拠出は60歳までですが、企業型は契約で65歳まで引き上げることができます。その分税制メリットを長く享受できますから、やはり企業型は魅力があります。

特に個人型は掛金が全額所得控除ですが、その掛金を給与として出す場合、2万3000円の役員報酬アップはすなわちそれにかかる15％の社会保険料のアップにつながります。一方で、企業型は会社の損金として掛金を計上でき、掛金は社会保険料の算定対象になりません。いわゆる全額損金で退職金が作れる。それが企業型確定拠出年金です。

企業型はある程度の事業規模がないと導入できないと思われている場合が多いのですが、

実際一人社長であっても、企業型の導入を受けてくれる運営管理機関があります。また導入に伴う手数料も月5000円から1万円程度とそれほどの負担感はありません。

事業の財務体制の強化のためにも、何よりも自分の老後資金作りとしても企業型を検討してみてください。

ケース9 〈中小企業の会社員と経営者〉小規模事業所なら会社から支援金がもらえる?

2018年5月までをめどに、従業員数が100人以下の会社を対象とした、「小規模事業主掛金納付制度」が始まります。これは逆マッチングともよばれる制度で、簡単にいうと事業員が任意で加入している個人型確定拠出年金の掛金に対し会社は「支援してあげても良い」という制度です。

労使の話し合いが必要

支援してあげても良いといっても、従業員が会社に支援を申し出ればすぐに通るというものではありません。会社側が社員側の代表者と話し合いをもち支援するかどうか決定します。従業員は労使の合意がなければ支援を受けることはできませんが、少なくとも話し合いの場を設けてもらえるようお願いをしてみる価値はあるでしょう。

具体的には、個人型の毎月の掛金上限内で企業が掛金を上乗せ拠出する制度です。例えば社員が月1万円を個人型確定拠出年金に拠出をしていると、会社がその1万円に上乗せをして掛金を出してくれるのです。実質給与アップですので、可能な人はぜひ使うべきです。

ただしこのとき、かならず個人の掛金は給与天引きにしなければなりません。これまで個人の口座引き落としで掛金を拠出していた人は、変更が必要となります。企業は、給与天引きをした個人の掛金に企業からの拠出金を足して、会社指定の口座から掛金が引き落とされます。

その際、複数の社員が複数の運営管理機関でそれぞれ取引をしている場合、掛金引き落としもそれぞれの運営管理機関からとなりますので、多少手続きが煩雑になります。また掛金を給与天引きする場合、会社は毎月の源泉税の調整も必要となります。

社会保険料の負担減につながる場合も

もし会社として事業主拠出をしても良いと考えているのであれば、早めに企業型の導入を検討するのも良いでしょう。企業型であれば掛金5万5000円まで労使併せて拠出をすることが可能です。企業の掛金は企業型のルールで決めるので、小規模事業主の掛金納付と基本的には同じです。

ただ従業員の掛金は「選択制」という仕組みを使うので、掛金拠出額が社会保険の算定対象外となり社会保険料の負担の減少につながります。「選択制」とは、掛金を拠出するかどうか従業員本人が決められる財形貯蓄のような制度で、最近大企業でも取り入れられています。

いずれにしろ、企業が拠出してあげられる要素があるのであれば、ぜひ積極的な従業員支援をお願いしたいところです。また従業員側としても、自分たちに有利になる制度であるのならば、会社に積極的に提案してもらいたいと思います。

ケース10〈企業の人事担当者〉これから選ぶべき年金制度は？

厚生年金基金が廃れた理由

昭和40年代から企業年金といえば**厚生年金基金**が主流でした。しかし厚生年金から「代行部分」として借りたお金を基に運用して自社社員の上乗せ年金を作るシナリオは、予定利率5・5％とあまりにも高かったせいもあり、バブル崩壊後はどこの基金も制度を維持することが困難になりました。

結果として、企業は運用の損失を利益で埋めなければならなくなりました。しかし、それさえも立ち行かなくなった場合は、厚生年金から借りていた保険料分を会社の利益から「代行返上」という穴埋めをしてさらに、社員および社員ＯＢの老後資金作りを大幅に下方修正しなければならなくなりました。

ここから学んだことは、将来の支払い額を確定し、予定利率を維持することの難しさです。高度成長期が昔のものとなった今、将来債務は企業にとって最も負担してはいけないものとなっています。

確定給付年金のリスク

厚生年金基金の後継制度として多くの会社が導入している確定給付年金も考え方は同じで

●**厚生年金基金**
公的年金である厚生年金とは別に、国民年金と厚生年金に上乗せして受給ができる年金を運用する機関のことです。

す。ただし予定利率を1・5％程度に下げている会社も多く、厚生年金基金ほど積立不足に陥るリスクは低くなっているといえます。しかし基本的な構造は同じなので、ここでも将来債務のリスクはつきまといます。特に財務検証が非常に厳しく、積立額が予定を下回った場合はすぐに対策を打たなければなりません。

具体的には、積立不足の補てんです。一般的に積立不足が発生するのは株価が低迷しているときであり、株価が低迷しているときは事業もうまくいっていないケースも多く、損失補てんは多くの企業にとって、まさにダブルパンチのような悪いインパクトを与えます。

確定拠出年金は将来債務が発生しない

したがってこれからの企業が考えるべきは、企業型確定拠出年金となります。これが唯一、将来債務の発生しない企業年金だからです。

確定拠出年金の制度設計は、基本3パターンあります。まず企業が掛金を拠出するAパターン。従業員が自分の給与の中から掛金を拠出するいわゆる「選択制」と呼ばれるBパターン。企業拠出と従業員拠出を併用するCパターンです。特にBパターンであれば、会社としては現行給与以上の資金負担が不要なので、新しいタイプの確定拠出年金として近年とても注目されています。

従業員は現行給与の中から財形貯蓄のように老後資金の積立を行うことができます。掛金は給与から切り離されるので、税金・社会保険料を負担することなく効率よく資産形成をすることが可能です。

8-01 企業型確定拠出年金の導入パターン

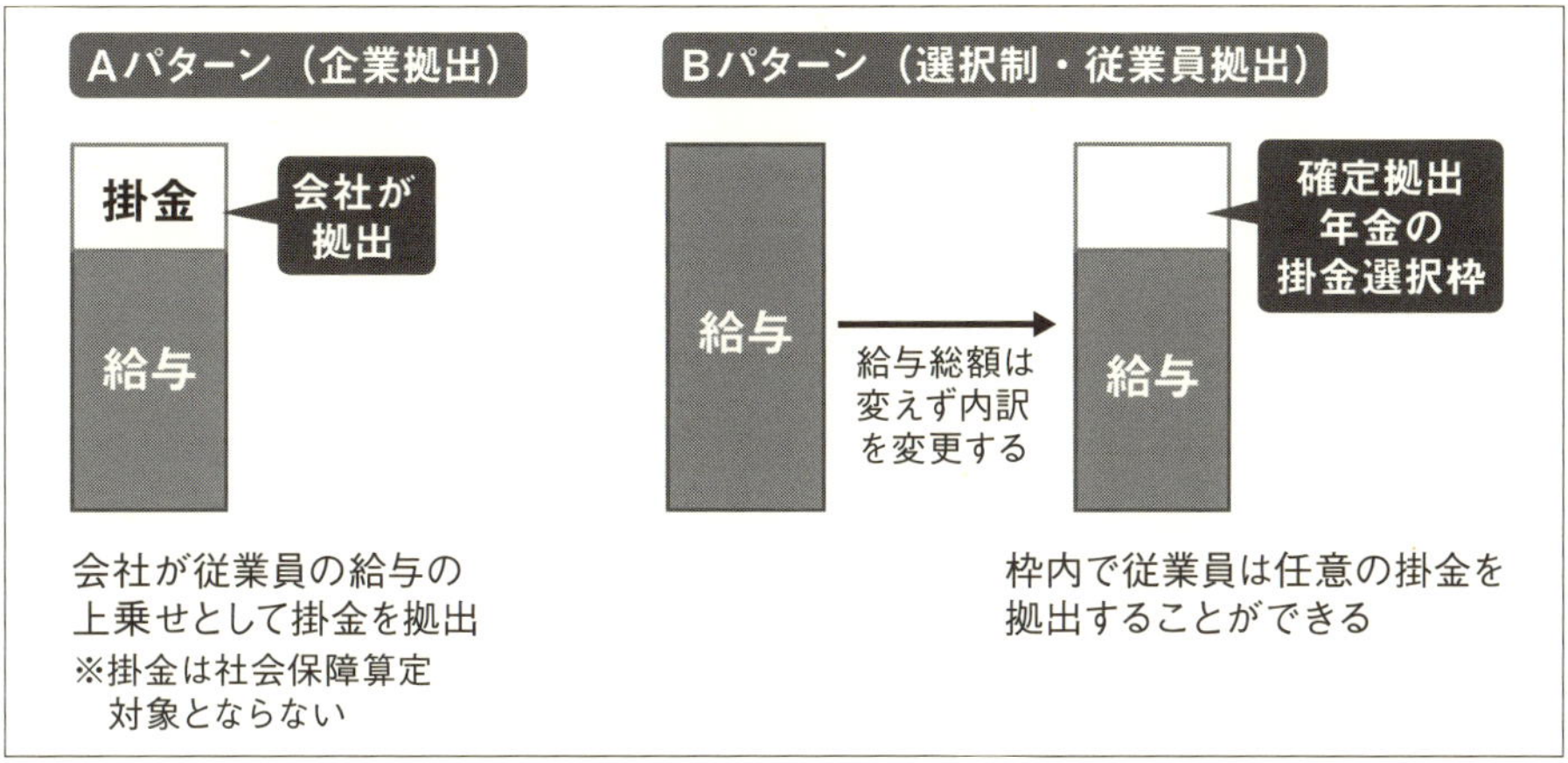

また確定給付であれば、事業規模によっては金融機関が受け入れを断ってくるケースが多くありますが、確定拠出年金であれば、たとえ小規模事業所であっても制度導入を請け負う運営管理機関があります。

ケース11〈公務員〉厚生年金一元化で老後はどう変わる？

職域加算の廃止の影響は？

平成27（2015）年10月に共済年金は公務員の「優遇」とされていた職域加算が廃止され、会社員の厚生年金と一元化されました。職域加算は月2万円程度の上乗せ年金といわれており、この部分が今後廃止されることになったわけですから、これからの公務員は月2万円終身で受け取れる権利を失ったことになります。

職域加算が廃止になった代わりに導入されたのが年払い退職給付です。これはモデルケースで月1・

8万円の上乗せ年金といわれています。月2万円の職域加算と1・8万円の年払い退職給付では月あたりたった2000円位の変更と思うかもしれませんが、かなり大きな変化となっています。

年払い退職給付との違いは?

まず職域加算は公的年金なので、配偶者は受給者が亡くなったあと遺族年金としてその額の4分の3を終身で受け取ることができました。しかし年払い退職給付は一部終身年金、一部有期年金です。例えば10年確定年金であれば、保証期間10年までの間に受給者が亡くなれば、未支給の分は遺族が受け取ることができますが、保証期間以上の年金は受け取れません。また年払い退職給付の終身年金は、受給者が亡くなったらそこで支給はストップになり、職域加算のように遺族に支払われることはありません。

何よりこれとは別に退職金が平均400万円カットになると発表されています。これらの変更によるマイナスを埋めるものが確定拠出年金になります。

年払い退職給付は企業年金と同じ位置づけで、加入者も保険料を負担するようになります。これまで公務員が優遇されてきた保険料についても、今後徐々に厚生年金と同じになります。

公務員の場合、これまで優遇されていた部分が厚生年金加入者と全く同等になったので、老後の生活をしっかり考える必要があるということです。

ケース12〈パート主婦〉

これからの働き方と確定拠出年金の活用法は？

パートで働く主婦は常に103万円の壁を意識していると思います。103万円の壁とは、パートの給与収入103万円から65万円の給与所得控除という経費と納税者一人ひとりに認められる38万円の基礎控除を差し引くと、所得がゼロとなり所得税がかからない年収のボーダーラインのことです。

月収プラス2万円を目指そう

年収103万円以下のパートの主婦が、確定拠出年金を利用して自分年金の積立を行ったところで、所得控除を受けるそもそもの所得がないわけですから、拠出時の節税メリットはありません。

しかし運用益が非課税となるメリットは少額投資非課税制度（NISA）よりも大きいですし、何より受け取り時に加入期間が退職所得控除となるので、非課税の退職金を作ることができます。これは大きいです。

もし、もう少し働ける環境であれば、あと月2万円分働きましょう。そして確定拠出年金で月2万円の積立をして、自分のための退職金を作りましょう。年間の収入103万円＋24万円で127万円となりますが、給与所得控除、基礎控除、小規模企業共済等掛金控除（確定拠出年金の所得控除の名称）を足すと経費が127万円となり、所得税を支払うことなく年収を増やすことができます。

会社としても、ベテランのパートに103万円の壁にあわせて働き方を調整されると、その分新しい人を雇わなければならず、人件費のアップにつながります。月2万円分の延長勤務は会社にとってもメリットになるはずですから、申し出をしてみると良いかと思います。ただ年収が130万円を超えると自分で社会保険に加入しなければならなくなるので、月2万円が目安です。

社会保険の加入は損ばかり？

ただし2016年10月より、従業員501人以上の会社に勤めるパートは、年収106万円以上で社会保険に加入することになります。また今後、パート主婦の社会保険加入年収の引き下げは小規模事業所にも拡大される予定なので、社会保険加入を視野に働き方を考えるべきです。

社会保険加入と聞くと、保険料負担ばかりが気にかかるかもしれませんが、良いこともたくさんあります。

例えば傷病手当金というものがあります。これは、病気療養で仕事ができないときに、給与の3分の2の給付が健康保険から受けられるものです。**出産手当金**や**育児休業給付金**など子どもを産み、育てることに対する保障も近年とても充実してきました。さらに、厚生年金の上乗せを得ることができます。**障害年金**、**遺族年金**、老齢年金です。特に老齢厚生年金は、給与額に比例して65歳からの受け取り額が増える仕組みです。「給与×0.5481%×厚生

●出産手当金
出産日（出産が予定日よりあとになったときは、当初の出産予定日）より以前42日（多胎妊娠の場合は98日）から出産日の翌日以降の56日まで、欠勤し給与の支払いがなかった期間を対象として、給与額の約3分の2が支払われます。また、被保険者あるいはその被扶養者が出産した際には出産育児一時金として一児につき42万円が支給されます。

●育児休業給付金
子供が1歳になるまでの期間（特別な理由がある場合は最長1歳6カ月まで）、
・育児休暇開始～180日目：月給の67%
・育児休業開始から181日目以降：月給の50%
の育児休業給付金を受給することができます。

●障害年金
障害年金には障害基礎

年金加入見込み月数」で見込み額を計算することができます。

仮に給与30万円で30年間会社員として仕事をすると、65歳から受け取れる老齢厚生年金がおよそ月5万円増やせます。これもまた終身でもらえる自分年金ですから、働き方を見直すことはとても重要です。

それに加えて月2万円の確定拠出年金を30年続ければ、元本だけで720万円の自分自身への退職金が作れます。給与が30万円あれば、社会保険料を負担しても、手取りがしっかり確保できるので日々の暮らしにもゆとりができます。

夫の配偶者控除に注意

注意点としては、妻が働くことで夫の配偶者控除が減ったりなくなったりして、若干税負担が増えることです。また夫の会社から家族手当などを受けている場合、年収によってはその手当が停止になることもあります。

しかしライフプランとして考えると、夫婦2人で働くということがリスクヘッジでもあり、お金の成長も加速することになるので、長期的な視野でこれからの働き方を考えるべきでしょう。

ケース13〈会社員〉厚生年金基金があるが確定拠出年金も併用できる？

これまで転職した会社に確定拠出年金以外の企業年金（厚生年金基金または確定給付年金）

年金と障害厚生年金があります。

障害基礎年金は、初診日段階で国民年金に加入しており、病気やけがで、法令で定められた障害等級表（1級・2級）による障害の状態にある間に支給されます。

それに加え厚生年金に加入している場合は、基礎年金に上乗せして障害厚生年金が支給されます。障害の状態が2級に該当しない軽い程度の障害のときは3級の障害厚生年金が支給されます。初診日から5年以内に病気やけがが治り、障害年金を受ける条件よりも軽い障害が残った場合には一時金が支給されます。

●遺族年金

被保険者が死亡した際、遺族に支給される公的年金のことです。遺族基礎年金、寡婦年金、死亡一時金、遺族厚生年金など様々ありますので、それぞれの要件をしっかりチェックしておきましょう。

があると、個人型に資産移換ができても追加資金を拠出することができず、運用のみを行う運用指図者としかなれませんでした。運用指図者だと、掛金の所得控除も受けられませんし、60歳以降に受け取る際の退職所得控除についても、運用指図者の期間は控除の対象期間となりませんでした。

2017年から併用可能

これが法改正により2017年以降、企業年金がある会社に勤務する人であっても、個人型の「加入者」となることができるようになったのは大きな前進です。掛金の上限は1万2000円と少な目ですが、やはりメリットは大きいのでぜひ継続して掛金を拠出できるようにしましょう。

すでに個人型に資産移換をして運用指図者になっている人は、登録している運営管理機関に手続きについて問い合わせをしましょう。運用指図者から加入者への切り替えをしてもらいます。

前職を辞めてから何の手続きもせず国民年金基金連合会に自動移換になっていた人も、この機会に個人型に加入しましょう。運営管理機関に加入の申し込みをする際に、移換すべき残高が国民年金基金連合会にある旨を伝えると、必要な手続きを知らせてくれます。自動移換は手数料だけが差し引かれ続けるとても残念な状態ですから、早々に個人型に変えることをおススメします。

自動移換後の手数料は？

ちなみに自動移換をする際に、4269円または月々51円の管理手数料がかかります。資産は運用されることなく、ただただ手数料が差し引かれるのみとなります。また自動移換の期間は加入期間ではありませんので、60歳までの期間が10年に満たないと、最長65歳まで受け取りが延長されることも理解してください。

ケース14〈会社員〉会社がマッチング拠出制度を始めた　これってやった方がいいの？

可能な限りやった方が良い

マッチング拠出とは、企業型確定拠出年金を導入している会社のプラスアルファの制度なので、可能な限り拠出した方が良いです。

マッチング拠出は会社の制度の中で行う個人型確定拠出年金です。個人型では自分で口座管理手数料など毎月500円程度の手数料を払わなければなりませんが、マッチングであれば手数料を会社でもってくれるのでお得です。もちろん掛金に対しては所得税、住民税がかかりません。

注意したい個人型との相違点

個人型と異なる点は、掛金を決めるときに会社からの掛金（企業拠出掛金）との調整があることです。このルールは2段構えになっています。

まず企業拠出の掛金と個人の拠出掛金の合計額は5万5000円を超えないこと（確定拠出年金以外の企業年金がある場合は合計2万7500円です）。

それに加え、個人拠出掛金が企業拠出掛金を上回らないことです。

例えば会社から出してもらっている掛金が2万円であれば、個人として上乗せで出せる掛金は2万円までということです。

詳しくは会社で確認してもらえればと思いますが、とにかく会社でマッチングができる場合は積極的に活用すると良いです。

会社の制度変更に注意を払おう

もし企業型確定拠出年金が導入されている会社で、まだマッチングはないというところも、今後マッチングが導入されるかもしれませんので、会社からのお知らせには注意を払っておきましょう。マッチングを導入しないところは、別途個人型に加入をしても良いというルールとする会社も今後出てきそうです。その場合、マッチングのように手数料を会社でもってくれるわけではないのですが、掛金額についてはマッチングより自由度が高い可能性もあります。

企業型確定拠出年金を導入している会社では、「マッチング」または「個人型確定拠出年金の併用を認める」のどちらかの選択をするようになる流れではあります。できるようになったら、積極的に活用しましょう。

ケース15〈会社員〉転職を考えているのだが何に注意すれば良い？

企業型から個人型への移換

企業型確定拠出年金をしている場合、転職をすると自分の口座も転職にともない「移換」が必要です。

転職先に企業型確定拠出年金があれば、その企業型に「移換」しますが、なければ個人型に「移換」します（２０１６年現在、転職先に確定拠出年金以外の企業年金がある場合は、個人型に移換しても加入者にはなれず運用指図者となりますが、２０１７年以降加入者として掛金拠出が認められるようになります）。

自営業者になる場合であっても、専業主婦になっても、公務員になっても２０１７年1月以降は「個人型」の加入者になれますので、個人型に移換し継続します。

すべてキャッシュになる点に注意

移換をするということは理解できていると思いますが、問題は「移換時」にお金がどう取り扱われるかという点です。個人型への移換のプロセスの中で、まずすべての運用商品は売却されキャッシュになります。キャッシュの状態で個人型の口座に移るわけです。

大事なのは、この売却のタイミングがいつになるか分からない、加入者が指定できないという点です。例えば売却時にたまたま株価が低迷したりすると、それまで順調だった運用が一気にマイナスになり利益を失うこともあるからです。

対策としては、転職を予定している場合、「自分のタイミング」で運用商品を売却しておくことです。少しでも良い状態のときに自分で売却しておけば、ある程度損益のコントロールができるはずです。

売却した資産は国内の債券か定期預金など値動きが少ない商品にスイッチングしておけば、移換の手続きの際に売却されてもそれほど資産残高が変動することはありません。一部の運営管理機関では**MMF**といった商品が準備されている場合もありますが、MMFはこういう「ちょっと置いておくとき」などに、とても重宝する商品です。

出口を意識して商品変更をしよう

このように、値動きの少ない商品にあらかじめお金を移しておくというテクニックは、覚えておくと良いと思います。転職時だけでなく、60歳で老齢給付を受け取りたいというような場合も、60歳のタイミングでの株価の動きが予想できないわけですから、少しずつ運用商品を売却して、前述のMMFや定期預金などにお金を移しておくと、受け取りたいときの市場の変動を心配することがなくなります。

確定拠出年金の「出口」が近いときは、運用商品を変動の少ないものに変更しておくこと、これが鉄則です。確定拠出年金の情報誌などでは始めるときの話はよくされますが、終わるときの解説が少ないので、この機会に頭に入れておくと良いと思います。

●**MMF（マネーマネジメントファンド）**
安全性の高い債券を中心に運用するファンドです。申し込み手数料や解約手数料は一切無料となっています。ただ、買付から30日以内に解約すると信託財産留保額が発生します。似たものにMRF（マネーリザーブファンド）がありますが、こちらはMMFと違い30日以内に解約しても信託財産留保額は発生しません。その一方でMMFよりも得られる利息は低めに設定されています。

ケース16
家計に余裕がないときの掛金はどう捻出する？

老後の備えも気になるけれど、家計の余裕がないという人も多いと思います。確定拠出年金は60歳までおろせないお金ですから、無理な金額の積立をすると、老後資金以外のお金の準備が手薄になってしまいます。

資産形成において大切なことは「計画」です。お金の目的により、短期・中期・長期で貯蓄計画を立てていきます。短期の目的のお金は「使うお金」です。なにかあったときにいつでも引き出せるようにしておくのが目的です。中期の目的のお金は「貯めるお金」です。子どもの学校の費用や住居購入のための頭金などがイメージです。おおよそ5年から10年以内に使う予定のお金と解釈してもらうと分かりやすいでしょう。10年以上先の目的で用意するのが長期のお金（増やすお金）です。確定拠出年金で積立をする老後資金はこれにあたります。

手元のお金を3つに分ける

それぞれの金額の決め方ですが、まず今手元にあるお金を「使う」「貯める」「増やす」に分別します。「使う」お金は毎月の基本生活費の3カ月分ほどが目安です。月25万円が基本生活費であれば75万円です。このお金は普通預金に入れておきます。給与振り込み口座とするのが便利でしょう。毎月、給与が振り込まれる前日の残高が75万円程度で維持されるようにします。

「貯めるお金」は5年から10年以内に使う目的のお金で現在用意できているものとします。例えば子どもの学校の費用として学資保険で満期300万円が準備できていれば学資保険が「貯めるお金」となります。このお金はソニー銀行、オリックス銀行などのネット銀行の定期預金を利用すると他の銀行より少し高めの金利が付きます。

「増やすお金」は、10年以上先に使うお金、または用途がまだ決まっていないお金で、投資信託を中心として準備していきます。すでに用意できているお金がまだないのであればゼロスタートとなります。これは次の「これから作るお金」です。

お金を増やすなら投資信託へ

手元のお金の整理ができたら、「これから作るお金」の計画を立てます。

例えば毎月の手取り給与が30万円で1カ月に必要な基本生活費が25万円であれば、「使うお金」に給与が振り込まれた瞬間に25万円だけを普通預金に残し、差額の5万円を「貯める」「増やす」口座に移し目的別に積立をしていきます。

「貯める」お金の目的ですが、「子どもの学校の費用としてあと10年で200万円必要」など具体的な数字を考えます。10年間で200万円の貯蓄は、月に1万6000円の積立です。これは銀行の積立預金を利用し、計画的に積立を実行します。会社に財形貯蓄がある人は会社の仕組みを利用するのもおススメです。

毎月積立に回せるお金は残り3万4000円です。このうち老後資金用として確定拠出年金に2万3000円を積み立てます。ここでまだ1万1000円余裕がありますから、できれば少額投資非課税制度（NISA）などを利用したいところです。

増やすお金はやはり投資信託を使っていきます。なぜならば経済が成長する力を借りてお金を成長させる必要があるからです。確定拠出年金の2万3000円は投資信託へ、NISAの1万1000円も投資信託に回します。

NISA口座であれば、直販の投信運用会社がおススメです。さわかみ投信、レオスキャピタル投信、コモンズ投信、セゾン投信などは、証券会社を通さず直接投資家に運用商品を販売する投資信託の「作り手」です。いわば産地直送で商品が買えるのでコストの面でも優れていますし、なにより投資家に対する情報開示の姿勢が素晴らしいです。その中で1万1000円の積立は、国際分散投資をバランスファンド1本でと考える人であれば、セゾン投信が選択肢となります。その他の直販投信は主に日本株への投資ですから、それぞれの特徴を良く知り、選びましょう。

理解していてもらいたいことは、資産形成において「時間を味方につける」ことが最も重要だということです。特に確定拠出年金は毎月の積立額に上限が設けられていますので、早く始めることがとても重要です。子どもの教育資金にメドがついてから老後資金の準備に着手する人が多いのですが、複数の目的の資金を同時進行で、それぞれに適した金融商品を利用することを実行しましょう。

ケース17

加入者本人が亡くなったらどうなるの？

確定拠出年金の加入者が資金の受け取り前に亡くなると、そのお金は「死亡一時金」として遺族に支払われます。確定拠出年金は100％個人の財産なので、公的年金のように、死亡時に遺族年金としての受給要件が厳しく問われることがなく、遺族の請求によりすべての商品が売却され全額が請求者に支払われます。

確定拠出年金の死亡一時金を受け取る遺族は、相続税法上の遺族とは少し異なります。相続税法上の遺族は戸籍を基に法定相続人が決まりますが、確定拠出年金の死亡一時金は、公的年金に準じて受け取りをする人の順位が決まります。

確定拠出年金のルールでの順位は以下のとおりです。

第1位は配偶者です。しかしこの場合、事実上婚姻関係にあった人も対象となります。これが通常の相続とは異なる点です。次は子、父母、祖父母および兄弟姉妹であって、主として亡くなった人の収入によって生計を維持していた者です。その後、生計を維持していた親族となります。あらかじめ受取人を指定することも可能です

死亡から3年以内に支給が確定した場合、みなし相続財産となり「500万円×法定相続人の数」の非課税枠が適用され税制優遇を受けられます。しかし内縁関係の方が受取人になる場合は法定相続人とはならず、非課税枠は適用にならず、一時所得扱いです。法定相続人

が受け取ることになっても、3年を経過してしまうと、非課税枠が適用になりません。

公的年金の遺族年金は同様に内縁の人も受取人になり得ます。その場合、遺族年金は非課税で受け取る年金なのですが、確定拠出年金の場合は死亡一時金なので、少し扱いが異なることは知っておきましょう。

自分の財産は資料にまとめておこう

確定拠出年金の特性上、死亡一時金の請求が受理されないと商品の運用は継続されます。また、商品売却もそれなりの日数が必要になってきます。申し出先は加入している確定拠出年金運営管理機関のコールセンターです。そこからの指示に従って、必要書類を準備することになります。

確定拠出年金に限ったことではありませんが、自身の財産の全体像をきちんと資料にまとめておかないと、万が一の時に家族が手続きに困ることになります。特に相続財産の手続きは死亡から10カ月以内と、割と短い時間に行わなければならないので、クリアファイルに証券などまとめておくことなどが必要です。

また税金の手続きはやはり専門性の高いところとなります。内縁関係の人に資産をスムーズに渡してあげたい、資産が多く支払うべき税金の捻出が大変になりそうだなどといった理由で、相続税対策が必要と判断している人は早めに専門家に相談しましょう。

ケース18〈会社員〉

会社が「選択制」なんだけどやった方が良い？

福利厚生の拡充として、社員の給与から任意に確定拠出年金の掛金を拠出させる「選択制」の確定拠出年金が最近とても増えてきました。これは企業型確定拠出年金なのですが、制度の設計方法が独特なので少し解説をします。

「選択制」が選ばれる背景

通常、企業型確定拠出年金は、給与とは別に掛金を「会社」が拠出します。しかしこの掛金を財政的な理由で拠出できない、あるいは会社の方針としてこの拠出をあまりよく思わないというところも増えてきています。前者については、これだけ経済状況が不透明な中、掛金の拠出をしていったん規約（会社のルール）にしてしまうと、景気が悪いから掛金拠出を中止するなどといったことができなくなります。これは会社が存続する長い年月で考えると、それなりのリスクです。このようなリスクを敬遠する会社も多いです。

また、現状の企業型確定拠出年金の場合、企業が拠出する掛金は役職で異なるケースも多く、そうなると年功序列的な意味合いが強くなってしまい、そこを人事方針としてあまり好ましく思っていない会社もあります。もっと会社への貢献度にリアルに対応したいということで掛金拠出ではなく、報酬の評価に力を入れたいといった理由です。

そういう会社に選ばれるのがこの「選択制」です。会社としては社員の評価は給与として渡し、その給与の中から自由に掛金を拠出して一人ひとりが老後に備えれば良いと考えるいわば「自立型」制度といえるのがこの「選択制」です。

個人型にはないメリットとは？

構図としては極めて個人型に近い制度です。掛金を拠出するかどうかを決めるのも任意ですし、金額についても多くの会社が3000円以上1000円刻みで個人が任意に決められ、年に1回掛金の変更を認めるとしており、とても自由度が高い制度です。

個人型と異なるのは、掛金の上限が5万5000円までと、節税しながら積み立てられる金額が大きいことです（確定拠出年金以外の企業年金がある場合は2万7500円）。また、この掛金はマッチング拠出のように企業拠出の額によって制限を受けません（選択制であっても、企業が一部掛金を拠出する場合もあります）。

手数料は会社もちですから個人型よりお得です。税金については、年末調整での処理ではなく、掛金分「給与が減額される」状態で税金の計算がされるので、手続きはもっとシンプルです。給与が減額されると聞くと驚くかもしれませんが、実際は給与が入ったその瞬間に老後の貯金をするので、掛金が給与から「切り離される」と思ってもらえれば結構です。

切り離された掛金は、税金がかからないだけではなく、社会保険料もかからないお金となります。社会保険料は給与の額の約15％も負担していますから、1万円を掛金とすると社会保険料1500円を払わなくて済むことになります。所得税率が最低でも5％、住民税が15％と合わせて考えると、30％ものお金を差し引かれずに済むわけですからこれは個人型にはない大きなメリットとなります。

加入の時期を考慮した方が良いケース

ただし1点だけ注意が必要です。社会保険料が引かれなくて済むということは、その対象分にかかる給付も受けられないという事になります。

特に出産間近で育児休業を取得する予定や、病気療養などでしばらく休職を考えているという場合、健康保険あるいは雇用保険から受け取る給付に選択制が若干影響を与えてしまうので、その場合時期をずらして加入する方が良いかもしれません。

例えば出産手当金と病気療養中の傷病手当金は給与の3分の2となりますから、1万円を選択制で拠出をすると1万円の30分の1の3分の2、すなわち1日あたり222円の給付減となります。給付を受ける期間の長さにもよりますが、直近で予定がある人は、選択制よりも給付を優先する方が無難かもしれません。

最大で40万円の損が出るケースも

65歳から受け取る老齢厚生年金も影響を受けます。その際の減額は、「毎月の確定拠出年金掛金×5・481÷1000×掛金拠出月数」で試算ができます。例えば毎月1万円を選択制で30年拠出をするというと、「1万円×5・481÷1000×360カ月」となりますから、約2万円の減額となります。65歳から85歳まで20年間にわたり老齢厚生年金が減額されるとなると、40万円の損となります。

その場合、確定拠出年金でいくらの自分年金が準備できたのか、負担せずに済んだ社会保険料はいくらだったのか、得した税金はいくらだったのかなど総合的な判断も必要です。トータルで考えて、選択制の方にメリットを感じる人は積極的に利用されると良いと思います。

ケース19〈60歳になった〉受け取りのタイミングはどう決める?

公的年金とリンクさせて考える

まず公的年金の受給スケジュールを確認しましょう。会社員であれば、老齢厚生年金と老齢基礎年金（国民年金部分）の受給が何歳からいくらなのかを、ねんきん定期便あるいは近くの年金事務所で確認します。自営業者の場合、老齢基礎年金のみの受給となりますが、こちらについても会社員同様確認をしていきます。

公的年金をいつからいくらもらえるのか分かったら、年金だけで生活が成り立つのかどうか老後の生活設計をしていきます。そのうえで確定拠出年金の資金をいつどのような形で使うのがベストなのか考えましょう。

不足する部分をどう埋めるか?

老後は想像以上に長くなる可能性があります。また老後に親の介護や配偶者の介護、あるいは大きな病気になってしまうこともあります。それらのリスクも加味してお金のやりくりを考える必要があるのです。

例えば公的年金の受け取りが65歳からだから、確定拠出年金の資金は60歳で一時金で受け取り、60歳から65歳までの無年金期間を埋めようというのも1つのオプションです。

公的年金は65歳からだから、それまでは働いて収入を得て、そのお金で生活をしよう。確定拠出年金の資金は65歳からの公的年金だけでは不足する生活資金に充てよう。これももちろん考えられるオプションです。その場合、確定拠出年金の受け取りを65歳まで遅らせてそこから必要な金額を年金として受け取るということもあるでしょう。

一時金で受け取り毎月引き出す方法も

ただ使い方と受け取り方は切り離して考えた方が有効です。なぜかというと確定拠出年金は受け取り時の税制優遇があるからです。特に退職所得控除は、とても大きな節税効果が期待できますので、最も良いタイミングに一時金で受け取り、それを銀行口座にいれて月々の引き出し額を調整しながら「年金」のような形で使うという考え方もあります。

65歳からの公的年金の受け取りと同時に確定拠出年金を年金で受け取ると、公的年金控除額をオーバーしてしまい、税金の負担が増えるということにもなりかねません。その場合は、税制優遇をまず優先させ、「使い方」を切り離して考えることをおススメします。

公的年金には、受け取り開始年齢を65歳以降に繰り下げをすると、自動的に受け取り額が増額される「繰り下げ受給」という制度もあります。

ただ単純な損得で決められることではないので、やはり専門家に相談しながら60歳以降の生活設計をしっかり考えたいものです。

ケース20〈全対象〉

個人型確定拠出年金を一人でやれるか心配

確定拠出年金は、資産形成の1つのツールであることを考えると、家計をコントロールし、家族のやりたいことを叶えていくためのアドバイザーはどうしても必要です。欧米では確定拠出年金の運用をはじめ、家計全体のアドバイスをファイナンシャルプランナーが行うというのはいたって普通のことだといわれています。

それを踏まえて考えると、確定拠出年金の利用には税金の知識も必要ですし、資産運用の知識も必要です。掛金はどう捻出するのか、受け取り方法はどうしたらよいのかなど、真剣に考えれば考えるほど悩んでしまうものかもしれません。

特に個人型の場合、窓口となる金融機関で相談事を受けてくれませんし、WEBにも確定拠出年金に限った情報しかないので、個別で相談相手を探していかなければなりません。

幸い確定拠出年金やライフプランをテーマとしたセミナーも色々なところで開催されるようになりましたので、手始めにセミナーに参加してみるのも良いと思います。

そして、信頼できる人を見つけて、ライフプラン実現のために包括的なアドバイスをしてくれる良きパートナーとすると良いでしょう。ひとつの選択肢として、筆者が運営する確定拠出年金相談ねっとでは、全国の認定FP（ファイナンシャルプランナー）を探すことができますので、みなさんの頼れるアドバイザーとなることでしょう。

本書内容に関するお問い合わせについて

このたびは翔泳社の書籍をお買い上げいただき、誠にありがとうございます。弊社では、読者の皆様からのお問い合わせに適切に対応させていただくため、以下のガイドラインへのご協力をお願い致しております。下記項目をお読みいただき、手順に従ってお問い合わせください。

●ご質問される前に

弊社 Web サイトの「正誤表」をご参照ください。これまでに判明した正誤や追加情報を掲載しています。

正誤表　　http://www.shoeisha.co.jp/book/errata/

●ご質問方法

弊社 Web サイトの「刊行物 Q&A」をご利用ください。

刊行物 Q&A　http://www.shoeisha.co.jp/book/qa/

インターネットをご利用でない場合は、FAX または郵便にて、下記“翔泳社 愛読者サービスセンター”までお問い合わせください。電話でのご質問は、お受けしておりません。

●郵便物送付先および FAX 番号

送付先住所　〒 160-0006　東京都新宿区舟町 5
FAX 番号　03-5362-3818
宛先　(株)翔泳社 愛読者サービスセンター

●回答について

回答は、ご質問いただいた手段によってご返事申し上げます。ご質問の内容によっては、回答に数日ないしはそれ以上の期間を要する場合があります。

●ご質問に際してのご注意

本書の対象を越えるもの、記述個所を特定されないもの、また読者固有の環境に起因するご質問等にはお答えできませんので、予めご了承ください。

※ 本書に記載されている情報は、2016 年 10 月執筆時点のものです。
※ 本書に記載された商品やサービスの内容や価格、URL 等は変更される場合があります。
※本書の出版にあたっては正確な記述につとめましたが、著者や出版社などのいずれも、本書の内容に対してなんらかの保証をするものではなく、内容やサンプルに基づくいかなる運用結果に関してもいっさいの責任を負いません。

著者紹介

山中伸枝（やまなか のぶえ）

1993年、米国オハイオ州立大学ビジネス学部卒業後、メーカーに勤務し、人事、経理、海外業務を担当。留学経験や海外業務・人事業務などを通じ、これからはひとりひとりが、自らの知識と信念で自分の人生を切り開いていく時代と痛感し、お金のアドバイザーであるファイナンシャルプランナーを目指す。

2002年にファイナンシャルプランナーの初級資格AFPを、2004年に同国際資格であるCFP資格を取得した後、どこの金融機関にも属さない、中立公正な独立系FPとしての活動を開始。金融機関や企業からの講演依頼の他、マネーコラムの執筆や書籍の執筆も多数。

個人相談も多く手がけ、年金、ライフプラン、資産運用を特に強みとしており、具体的なソリューション提供をモットーとする。

確定拠出年金の相談ができる全国のFPネットワーク
「確定拠出年金相談ねっと」代表
https://wiselife.biz/

STAFF

カバー・本文デザイン	河南祐介（FANTAGRAPH）
カバー／本文イラスト	秋葉あきこ
本文DTP	BUCH⁺
編集	昆清徳（株式会社翔泳社）

ど素人が始めるiDeCo（イデコ）（個人型確定拠出年金）の本

2016年11月17日　初版第1刷発行
2017年 4月15日　初版第2刷発行

著者	山中伸枝（やまなか のぶえ）
発行人	佐々木幹夫
発行所	株式会社翔泳社（http://www.shoeisha.co.jp/）
印刷・製本	株式会社シナノ

©2016 Nobue Yamanaka.

＊本書へのお問い合わせについては前ページに記載の内容をお読みください。
＊落丁・乱丁はお取り替えいたします。03-5362-3705 までご連絡ください。
＊本書は著作権法上の保護を受けています。本書の一部または全部について、株式会社翔泳社から文書による許諾を得ずに、いかなる方法においても無断で複写・複製することは禁じられています。

ISBN978-4-7981-4868-7　　　　Printed in Japan